CÓMO USAR
LA CIENCIA DE LA MENTE

Otros libros de DR. ERNEST HOLMES

Este Algo Llamado Tú

Ese Algo Llamado Vida

La Ciencia de la Mente

Lo Esencial de Ernest Holmes

Mente Creativa

Mente Creativa y Éxito

Palabras Que Sanan Hoy

¿Podemos Hablar con Dios?

Preguntas y Respuestas Sobre la Ciencia de la Mente
(por Alberta Smith)

CÓMO USAR
LA CIENCIA DE LA MENTE

por Ernest Holmes, PH.D.

Science of Mind Publishing
Golden, Colorado

Science of Mind Publishing
573 Park Point Drive
Golden, Colorado 80401-7402
www.scienceofmind.com

Diseño de portada y presentación de libro por
Maria Robinson, Designs On You, LLC
Littleton CO, USA

Impreso en los Estados Unidos de América
Publicado junio de 2016
ISBN: 978-0-917849-44-2

CÓMO USAR
LA CIENCIA DE LA MENTE

POR ERNEST HOLMES

Autor del libro *"LA CIENCIA DE LA MENTE"*

Ernest Holmes, Ph.D.

**Rector del Instituto
de Ciencia Religiosa y Filosofía**

El Dr. Ernest Holmes es conocido por miles como un gran maestro en el campo de la ciencia religiosa, y por audiencias aun más numerosas como el autor de libros muy populares como *La Ciencia de la Mente, La Mente Creativa, Este Algo Llamado Tú, Ese Algo Llamado Vida.*

Cómo Usar La Ciencia de la Mente es una guía práctica y sucinta para usar la ciencia religiosa. Está dirigido particularmente a Maestros y Practicantes, pero todos los estudiantes de la ciencia religiosa y filosofía lo encontrarán muy informativo y de gran ayuda.

CONTENIDO

PREFACIO

Hay un Poder para el bien en el universo al alcance de todos, y *tú* puedes usarlo.

Este libro te enseña qué es ese Poder, cómo trabaja, y cómo puedes usarlo para ayudarte y ayudar a otros. Si aceptas la simplicidad de estas declaraciones, y sigues las instrucciones dadas en los ejemplos de cómo usar este Poder, emprenderás el mayor experimento de tu vida.

La mente humana necesita, y debe tener, un acercamiento directo al Espíritu. Es natural para salir de nuestra ignorancia a su iluminación, de nuestras debilidades a su fortaleza, de nuestra oscuridad a su luz. En alguna parte del camino tendremos que rendir nuestras debilidades a su fortaleza, nuestros miedos a su fe, nuestra escasez a su abundancia.

Este libro te enseña cómo orar científicamente. Es Cristianismo aplicado.

La fe no solamente contiene un poder real; la fe hace que este poder responda como si fuera una ley para el bien que operara a través de ti. ¿Por qué no tener una fe ilimitada en la vida? Tiene la suficiente inteligencia para crear todo, incluyéndonos a los humanos; gobierna por leyes que controlan todo, incluyéndonos también.

Y ahora, porque la necesitamos tanto, y porque sentimos que no podemos vivir ya sin ella, vamos a actuar como si estuviera aquí mismo, siempre respondiéndonos, amándonos a pesar de todos nuestros errores.

Los discípulos de Jesús lo observaron en su ministerio entre los enfermos, y entre las multitudes que lo escuchaban con gran alegría vieron llegar a los ojos de aquellos cuya visión había sido opacada, una nueva luz. Vieron una nueva energía fluyendo a través de los miembros de los que habían estado paralizados. Vieron a los inválidos caminar, a los mudos hablar y a los sordos oír. Así que le pidieron que les enseñara a orar.

Las páginas de este libro están dedicadas a explicar su respuesta.

Jesús les dirigió la palabra:

"En verdad les digo: El hijo no puede hacer nada por su cuenta, sino sólo lo que ve hacer al Padre. Todo lo que haga Éste, lo hace también el hijo. El Padre ama al hijo y le enseña todo lo que él hace. Y le enseñará cosas mucho más grandes que éstas, que a ustedes los dejarán atónitos".

— Juan 5: 19-20

CÓMO USAR
LA CIENCIA DE LA MENTE

Capítulo

T

INDIVIDUALIZANDO EL PODER UNIVERSAL

El Espíritu es la causa creativa detrás y dentro de todas las cosas. Dios no es un *espíritu*, sino el *Espíritu*. Éste es el Espíritu de todas las multitudes. Una filosofía de unidad permite muchas mentalidades pero una sola Mente, innumerables puntos individualizados en la consciencia creativa de un Absoluto, el cual siempre permanecerá uno, no dividido, una unidad indivisible.

Es porque la Mente de Dios, la cual es la mente creativa del universo, fluye a través del hombre, que los pensamientos del hombre son creativos. Es por la naturaleza del hombre, y no por su voluntad que su pensamiento es creativo. ¿Quién de ustedes podría (como si pudiera hacer algo independientemente de la

Mente universal, *por más que se preocupe*, cambiar su naturaleza espiritual o *añadir algo a su estatura?* (Mat. 6:27)

El hombre tiene una mentalidad. Tiene *un* espíritu en el sentido de que el Espíritu se ha individualizado a través del él, pero su espíritu no está separado de Dios, porque Dios como hombre, en el hombre... es el hombre. El hombre es individual mientras que Dios es universal. Lo Universal se individualiza a través de lo individual. "El Dios de las alturas y el Dios interior es Uno...". Este Uno incluye al hombre.

El hombre es un centro individualizado del pensamiento Divino, y a través de él, el Pensador Original encuentra constantemente un nuevo punto de partida para Su poder creativo. Por lo tanto, sin violar las leyes universales o naturales, la mente del hombre entra a especializar o hacer uso personal de ellas.

Al hombre, entonces, le es dado el poder sobre su propia vida. Él no puede alterar las leyes de la naturaleza, pero lo que sí puede hacer es alterar su relación hacia ellas, de tal manera que aquello que lo ha atado, ahora lo libera. A él le ha sido dada la prerrogativa de pensar espontáneamente. Le ha sido dada la habilidad de iniciar una nueva cadena causativa. El hombre anuncia su propia actividad. Esta actividad es una actividad de la Mente Divina operando a través de él. Es la Causa creativa original haciendo algo nuevo a través de él.

Existe una sola Mente y nosotros la usamos. Las leyes de la naturaleza son universales. Nuestro uso de ellas es individual y personal. Éste es el secreto de la práctica Espiritual Mental. Nuestro pensamiento es operado por una creatividad universal la cual es infinita en su capacidad de crear. Así, cuando aceptamos un pensamiento no forzamos nada, solamente decidimos qué pensamiento seguir, sabiendo que el resultado es automático.

Esta idea de la unidad de Dios no es una filosofía de absorción o de aniquilamiento. El Ser Universal no nos absorbe para detrimento de nuestra individualidad, sino que hace lo opuesto. No somos absorbidos, sino que estamos sumergidos en una

Universalidad cada uno de nosotros como individuos únicos y manifestaciones diversas de aquello que en sí es Uno, completo, inseparable e indivisible.

No podemos pensar del Espíritu como en algo estático, sino más bien como en algo en eterno desarrollo de su divina naturaleza. Siempre haciéndolo en el universo físico independientemente de nuestros pensamientos personales. En nuestras vidas personales, debe hacer esto a través de nuestro pensar. En el grado en que nuestro pensamiento está en concordancia con la Naturaleza original, esa misma procesión ordenada de ideas armoniosas operará en nuestras circunstancias, como ya opera ahora en un mundo mayor que ni creamos ni controlamos. Esto nos deja una libertad individual dentro de la ley universal de armonía; una voluntad individual dentro de una voluntad coordinadora universal.

Como anunciaron todos los profundos pensadores espirituales muy correctamente, pronto nos daremos cuenta que la voluntad individual que sea contraria u opuesta a esa voluntad coordinadora universal, se aleja de su fuente de poder, va sola y pronto se extingue. Por otro lado, cuando la voluntad individual se conecta con la armonía universal, se convierte en proclamación espontánea de esa armonía en forma individualizada.

En la práctica espiritual llevamos la corriente de la vida individual de regreso a la Fuente original de la cual emergió, y en la cual todavía vive, se mueve y tiene su ser. Esto es una parte importante en nuestro Tratamiento: conectar lo Universal a lo individual, y lo individual con lo Universal.

En vez de negar que Dios sea personal para cada uno de nosotros, deberíamos enfatizar tal conexión personal. Es uno de las principales bases de esta filosofía espiritual. Cada vida individual es una expresión única de la Integridad Universal. No dos vidas pueden o deben ser iguales. La única Vida universal fluye a través de todo. Nosotros le damos expresión individual.

La Vida puede hacer por nosotros solamente aquello que hace a través de nosotros. Somos como un artista que pone sus lienzos frente a la orilla del mar con el deseo de pintar una escena marina. Como individuo, él interpretará la escena bajo la luz de su propia consciencia: podría pensar, "deseo gaviotas en este cuadro, un bote a la distancia, niños jugando a la orilla. Y más que nada, deseo proyectar un gran sentido de paz, calma y belleza".

El artista da su expresión individual a esta escena en particular. Medita sobre la belleza y la paz que desea proyectar y agrega los pensamientos personales que le llegan. Ninguna otra persona pudo ni podrá captar la misma expresión que él capta en este lienzo en particular. Será única...no le roba a Dios de Su paz o su belleza. Simplemente la expresa como él la experimenta dentro de sí mismo en relación a esta escena en particular.

Siempre estamos utilizando la ley de Causa y Efecto para algún propósito. Por lo general lo hacemos en forma inconsciente. Ahora debemos aprender a alinear nuestros pensamientos y propósitos con la armonía original. Al hacer esto no debemos tener miedo de que estemos usurpando la Voluntad Divina, igual que un agricultor no tiene miedo de ir contra las leyes de la naturaleza o la voluntad de Dios, cuando decide plantar maíz en vez de algodón. La necesidad de elegir es parte de nuestra naturaleza y no podemos escaparnos de ella.

Estamos en libertad de elegir la forma de vida que viviremos. Deberíamos sentir que en esta elección nos respalda toda la voluntad, todos los propósitos y toda la ley del Universo. Nuestra confianza está en esta ley y precepto. Es la agencia creativa de toda la vida, y al mismo tiempo, nuestro uso de ella es personal e individual.

Aquí reside toda la libertad que podamos pedir y toda la libertad que la Mente Divina nos haya podido dar: la libertad de actuar individualmente; la libertad de dar rienda suelta a nuestra imaginación creativa; la libertad de hacer esto, al menos temporalmente, de tal manera que podemos producir discordia en vez de armonía; y aun mejor, la libertad de producir armonía en vez de discordia.

Si unimos a esta idea de que nadie puede hacer daño a otro sin hacerse daño a sí mismo al final, que sólo el bien gana, veremos que cuando cualquier consciencia individual se une a lo infinito, no necesita ya preguntar, "¿será el deseo de Dios que yo sea feliz o íntegro?" o "¿deseará la Ley del Bien que yo tenga esto que deseo?" Simplemente necesita preguntar: "¿Puedo concebir esto como si ya estuviera hecho? ¿Estoy seguro que mi deseo está en línea con el bien? Si es así, nada está en mi contra y todo está a mi favor".

La Mente Divina no necesariamente contiene un plano mental de todo lo que un individuo va a hacer. Sin embargo, contiene la posibilidad de toda acción individual. Cuando alguien concibe una nueva idea, piensa un nuevo plan de acción el cual está en resonancia con la naturaleza divina, entonces Dios mismo va a llevar adelante una nueva creación a través de lo que esa persona puede y debe tener la expectativa, de que todo el poder y toda la Presencia que existe fluirán creativamente a través de su mundo individual, porque él ha cumplido con la ley fundamental de la armonía que gobierna toda la Vida.

Esto es de especial interés para un inventor, un artista, un escritor o cualquiera que esté introduciendo nuevas ideas en el mundo. En la práctica él entrena su mente a escuchar la Armonía Divina. Afirma que la Armonía Divina ahora opera a través de su propia inteligencia, gobernándola, dirigiéndola, estimulándola hacia la acción. Y así formula pensamientos e ideas para que de ninguna manera contradigan esta Armonía Divina. Puede ponerlas a prueba fácilmente con una certidumbre de que son dadoras de vida, y que no hay nada en ellas que pueda robar o herir algo viviente.

Cuando decimos que hay una Causa detrás de toda forma palpable, una inteligencia detrás de toda consciencia, y un espíritu dentro de todos los hombres, no negamos la realidad de las formas creadas o de las experiencias individuales, sino que afirmamos la unidad de la vida toda; una unidad que incluye toda variedad. La Unidad pasa hacia la variedad y multiplicidad sin dividirse. En cada creación la Vida trae su naturaleza íntegra para dar expresión a lo individual. Entonces la vida de cada hombre no sólo tiene a Dios, sino todo lo de Dios, alrededor, en y a través de él.

Vagamente podemos percibir el significado de esto; sin embargo, por un entendimiento interior que toda la gente posee, avistamos la Presencia Divina y sabemos que somos parte de Ella. Todos debemos sentir una relación íntima con el Espíritu. Ésta ha sido la esencia y la vitalidad de todas las convicciones religiosas a través de todos los tiempos. No importa qué tan rudimentarias hayan sido, han sido construidas sobre una Realidad sólida, sustancial, permanente e inmutable.

Todos necesitamos el calor y el color, la imaginación y el sentimiento de una intimidad con el Espíritu creativo. Nuestro intelecto anhela esto, tan natural como la rosa se torna al sol. En la sanación Espiritual Mental es importante que sintamos la infinita Persona a través de todo y de todos. Sin esto, nuestro trabajo no tendría ni calor ni color. Sería sin sentimiento, por lo tanto no productivo, no creativo, muerto.

Cuando escucha a la Divina Presencia deseando sólo aquello que es lo correcto, el Practicante de la Ciencia Espiritual Mental debe saber que está usando la Ley de Causa y Efecto, la cual es inmutable. Ésta sabe cómo hacer cualquier cosa. Sabe cómo tomar sus pensamientos e ideas y proyectarlos efectivamente como condiciones específicas. Estas condiciones automáticamente corresponderán a su aceptación mental, a su efectiva incorporación subjetiva, y a su identificación.

El hombre no sólo tiene el derecho a individualizar el poder creativo, la naturaleza ha impuesto esta necesidad sobre él. Él no tiene otra elección que usar este poder creativo. Su pensamiento será siempre creativo, lo sepa o no. La creatividad del pensamiento del hombre no tiene nada que ver con su voluntad o su creencia; está en él de la misma manera que la naturaleza está aquí. Es el uso del poder creativo sobre el cual el hombre tiene control, pero no de la Cosa Misma (Dios).

El uso consciente del poder espiritual es una de las artes más finas porque contiene un sentimiento profundo. Es la más grande de todas las percepciones intelectuales, porque es la más penetrante. Es algo religioso en el sentido de que está basado en una relación íntima del Espíritu con todo lo que existe. Es científico en el sentido que funciona de acuerdo a leyes y preceptos.

Debemos aceptar esta proposición y ver qué podemos hacer con ella. ¿Tenemos suficiente convicción para apartarnos de las condiciones negativas, y mentalmente contemplar sus opuestos? ¿Podemos apartarnos de la pobreza y aceptar la abundancia? ¿Podemos apartarnos de la enfermedad y creer en la salud? ¿Podemos separarnos de la infelicidad y aceptar la felicidad? ¿Podemos acallar toda discordia el tiempo suficiente para contemplar armonía? ¿Y tenemos la suficiente valentía para proceder basados en esto?

Un Practicante efectivo en esta ciencia tiene la voluntad de intentar, la valentía de hacer el intento, y la fe de creer en sí mismo, porque tiene confianza en la Ley del Bien. La simplicidad de esta convicción es optimizada cuando se da cuenta que no tiene nada que cambiar fuera de sí mismo.

Capítulo

2

LA LEY DE LA MENTE EN ACCIÓN

La Mente toma forma a través de la ley de su propio ser. Ésta es una ley de la naturaleza, y como todas las leyes, debe ser aceptada. A menos que uno tenga una profunda convicción de que existe un principio mental que maniobra el pensamiento a la forma por medio de una ley precisa, no tendrá un principio que demostrar ni un método que pueda usar.

No podemos separar los pensamientos de las cosas y esperar demostrar cosas a través de nuestros pensamientos. Esto es lo más sutil del Tratamiento Mental Espiritual. Uno debe tener una profunda convicción de que la palabra se rige por una ley espiritual. El Practicante trabaja con ideas. Teóricamente, resume las cosas a pensamientos, y trabaja solamente en el campo mental, sin ningún sentido de responsabilidad personal, porque la Ley es la hacedora.

El Practicante hace sus declaraciones y sabe que un Poder actúa sobre ellas. Él no infunde el poder en la Ley. Lo extrae. Esta realización espiritual se convierte en Ley, y actúa independientemente de cualquier circunstancia que ya exista, siendo capaz de crear nuevas circunstancias de sí misma. Él debe saber esto.

El Practicante mental espiritual está en una posición idéntica que cualquier otra persona que usa la ley de la naturaleza. Todos deben cumplir con las leyes, si es que esperan usarlas. Por su propia naturaleza, la Ley de la Mente demanda que creamos resueltamente en ella y aceptemos su operación. Sería inútil discutir por qué es esto como es, al igual que sería inútil discutir por qué existe una *ley de gravedad*. Estas leyes existen y todo desarrollo científico está basado en la suposición de que cualquier ley de la naturaleza nos responderá cuando nos conformemos a ella.

Cuando Jesús dijo que debemos creer aún antes de haber recibido, estaba explicando la manera cómo opera la *Ley de Causa y Efecto*. Si creemos en nada, entonces nada es puesto en movimiento por esta Ley. Pero ya que existe tal ley, y ya que creemos en algo, la ley estará siempre operando sobre aquello que creemos, y de la manera que lo creemos. No estamos introduciendo una nueva ley, sino que ponemos bajo control consciente la ley que siempre usamos, ya sea para nosotros o para alguien más.

Un Practicante es aquél que usa esta Ley para sí mismo y para otros. La usa de un modo definitivo, consciente y dinámico. Su experiencia le enseña que tener implícita confianza y fe en la ley son los principales requisitos para usarla efectivamente. La experiencia de miles ha demostrado este hecho. Y podemos aceptarlo. Esto es lo que haríamos si usáramos otras leyes naturales, y la Ley de la Mente en acción es una ley natural.

La Ley se pone en movimiento conscientemente. Su reacción es mecánica y matemática. En el grado que uno vea armonía en vez de discordia, demostrará esta armonía sin tener que crearla. Esto es algo muy importante. El hombre no crea absolutamente nada, simplemente usa las fuerzas creativas. Cuando descubre la manera que las leyes funcionan, su obligación es usarlas inteligentemente. La responsabilidad por lo que va a tomar lugar reposa siempre en la Ley. Por lo tanto, la práctica espiritual mental no solamente requiere una atención definida y una consciencia activa, sino que también demanda estar relajado y tener una implícita confianza en la Ley.

Muy contrario al concepto popular de sostener pensamientos, más bien requiere pensarlos y dejarlos a la Ley. La única fuerza de voluntad que se usa en el proceso—si es que esto puede llamarse fuerza de voluntad—es la determinación de mantener la idea clara, pensar sobre lo que debería ocurrir en vez de aquello que no debería ocurrir, conscientizarse activamente de la armonía en vez de la discordia y creer que el bien siempre superará al mal, como la luz disipa la oscuridad.

Debe haber confianza y paz en nuestro Tratamiento; debe ser activo, pero circunspecto; reflexivo, pero balanceado; definitivamente directo, pero no forzado. Todas las declaraciones, todas las negaciones, todas las frases en un Tratamiento son por el simple propósito de clarificar la consciencia de aquél que está dando el Tratamiento.

El Tratamiento para una persona es definitivamente dirigido "para" esta persona, no "por" ella. Aquí está una de las más grandes diferencias entre psicología y metafísica. Existe una sola Ley mental de toda la vida, aquél que practica la sanación mental espiritual sabe que está dirigiendo la Ley para un propósito definido, pero que no la está forzando hacia aquel propósito. Lo que la Ley de la Mente sabe en un lugar, simultáneamente e instantáneamente lo sabe en todo lugar. Está distribuida e igualmente presente en todo lugar, y su manifestación aparece en el punto hacia donde la dirigimos.

Esta práctica no es coerción mental, tampoco es sugestión mental. Es entendimiento mental, y un entendimiento espiritual de la mente. La mente da su consentimiento. La tarea de la mente es ver el resultado ya logrado y creer que ya está hecho. La acción de la Ley es automática y responde por reciprocidad, o sea que se manifiesta reflejando lo que se le programa. Nunca tenemos que preocuparnos si funciona o no. A lo que sí debemos prestar atención es a nuestro propio entendimiento interno, erigiendo una expectativa, incrementando nuestra fe, y ensanchando nuestra consciencia, por así decirlo, para incluir más.

Todo lo que sabemos acerca de la Ley de la Mente respalda el argumento de que un estado de consciencia correcto puede enaltecer o superar un estado negativo de consciencia. Es necesario que el Practicante Espiritual Mental asuma autoridad en su trabajo. Su autoridad es el conocimiento de que la Ley se implementa a Sí Misma.

Ya en la práctica, cuando una situación errónea parece no cambiar, puede ser necesario recurrir a un proceso de modificación de pensamiento gradual del miedo a la fe. El Practicante científico mental no dudará hacer esto cuando sea necesario. Él ve este proceso, no como la cosa misma, sino como un camino para llegar. El camino no es la meta, pero le ayuda a llegar a la meta.

Si él puede eliminar el proceso y llegar a su meta instantáneamente, tanto mejor. Si no, debe estar dispuesto a usar el proceso hasta llegar a su destino. Esto es lo que constituye la práctica espiritual científica mental. La mayoría de los resultados obtenidos en este campo han llegado a través de este proceso, y uno no debe condenarlo porque no corresponde a su idea de lo absoluto. Debe estar deseoso de utilizar su técnica, y también de seguir cualquier proceso de pensamiento que sea necesario para llegar a la conclusión correcta.

Cuando uno asume un argumento lógico basado en la premisa de perfección espiritual, y lo presenta al campo mental, producirá un resultado definitivo, está havá una declaración verdadera, cuyo significado será entendido cuando uno se de cuenta que la Ley de la Mente es simplemente una reacción mecánica y matemática de nuestro pensamiento.

No podemos repetir demasiado que un Practicante se trata a sí mismo para alguien más. Siempre empeñándose a llevar su propia consciencia a una realización espiritual *acerca de* la persona que desea ayudar. Si esto no fuera así, el Practicante se invalidaría por el pensamiento de que su paciente podría no recibir su Tratamiento o que podría rehusarse a aceptarlo.

Esto requiere permanecer en calma y con una confianza en el Principio que uno usa y de su habilidad de usarlo. Uno no tiene fe en uno mismo como un ser humano aislado. La fe es en el Principio. El Practicante tiene fe en sí mismo solamente en la medida que sabe que está usando el Principio correctamente y que éste le responderá. Debe tener fe en su trabajo, de otra manera negaría su efectividad.

La práctica espiritual mental es la esencia de la fe. Es la esencia de la convicción, un acto de seguridad; un completo abandono de pensamiento a lo Invisible. Pero el Practicante agrega Ley a su fe, y principios espirituales a su religión. Añade un uso consciente de la Ley de la Mente a su convicción de la Presencia del Espíritu.

Al hacer esto trae lo personal a influir sobre lo impersonal, que es un Principio, mientras al mismo tiempo unifica su consciencia con la paz, el aplomo, el poder, la belleza y la sabiduría que debe ser el Espíritu. De la misma manera que sabe que la ley de la siembra producirá una cosecha, también sabe que la Ley del Bien ejecutará su palabra.

La Ley es automática y operativa en sí misma. El Practicante no usa la Mente Divina para superar su mente carnal, sino que usa pensamientos armoniosos para superar una atmósfera mental discordante. La base de su trabajo se encuentra en asumir que vivimos ahora en un universo espiritual; que la ley de nuestro ser es la Ley de la Mente en acción, y que hay un paralelo exacto entre pensamientos y cosas.

El Practicante debe creer que el movimiento de la mente actúa impulsando la Ley. Si afirma en un Tratamiento que su palabra es la *ley de eliminación* para una condición congestionada, debe creer que la condición congestionada se elimina automáticamente a través de la ley de su palabra. En la mente del Practicante no debe haber diferencia entre decir, "Esta palabra es la ley de eliminación", y la eliminación que siga a tal declaración.

Por ejemplo, si un Practicante hace Tratamiento para alguien con una vida totalmente confundida, él no trabajaría con la confusión, sino con el estado de consciencia que la causó. Entonces, debe despejar el pensamiento de confusión y afirmar paz. Así se dará cuenta que la Ley, el orden, la armonía y la paz, prevalecen en la vida de esta persona.

EJEMPLO

Sé que vivo en el espíritu puro. Sé que soy uno con esta perfecta integridad. La paz y la calma me rodean y fluyen a través de todo lo que hago, digo y pienso. Hay una profunda quietud en el centro de mi alma, una perfecta calma y equilibrio. Mi pensamiento descansa sobre todo lo que está en paz, gozo y una expectación llena de alegría.

Sé que (_____ nombre del paciente) también vive en el Espíritu puro, que al centro de su ser está la Paz, la Paz del Espíritu, y, detrás de todo esto, el amor de la Divina Presencia. A medida que se hace más consciente de este Amor, se desvanecen toda la escasez, miedo y todo lo que es falso; como la niebla se desvanece con el sol de la mañana. (_____) ve a Dios en todo, personificado en todas las personas, manifestado en todos los sucesos. Es uno con esta profunda Paz, y mora en ella. A medida que esta Paz fluye a través de su ser, todo problema se libera. Ahora (_____) mira hacia la vida entusiastamente y se permite guiar hacia una completa felicidad. El camino se hace claro delante de él, y está lleno de gozo y armonía.

Uno no podría hacer esto si creyera que las cosas son independientes de sus causas silenciosas e invisibles. Pero si realmente cree que la Ley de la Mente en acción crea situaciones y condiciones, sabrá que a través del cambio de consciencia, a la misma vez cambiará la condición. En otras palabras, debe creer que las causas y condiciones son idénticas. La condición es un reflejo de la consciencia; la consciencia es la causa que refleja esta condición.

Si uno observa este simple proceso en acción, descubrirá que haciendo un Tratamiento para alguien más que esté rodeado de confusión, si tiene éxito clarificando todo pensamiento de confusión en su propia mente, cambiarán las circunstancias que rodean a aquél para quien hace el trabajo. Este cambio será automático e inevitable. Esto no quiere decir que haya secretos o palabras ocultas que deba usar. Simplemente significa que cualquier estado de consciencia sostenido en forma constante producirá un resultado correspondiente.

Veamos de nuevo la propuesta de que el Principio Divino es la Ley de la Mente en acción, y que esta Ley puede ser conscientemente usada. Por su parte, la Divina Presencia es el Espíritu Infinito del cual procede toda luz, sabiduría y amor, de donde podemos obtener inspiración, guía y un sentido de certeza. El Practicante efectúa una misión dual. Una parte de él escucha esta Presencia Divina, la otra declara su convicción a la acción de la Ley. Sabe con toda certeza que su palabra pone en movimiento una Ley que elimina todo lo que contradice la Presencia Divina.

EJEMPLO

Sé que el Espíritu Infinito dentro de mí, que es Dios Todo Poderoso, me conoce como parte suya; conscientemente hago a un lado todo pensamiento que pueda negar mi unión con toda la Presencia, todo el Poder y todo el Bien que existe.

Sé que mi palabra opera a través de la gran Ley de la Vida, que es la ley de mi experiencia personal. Ahora afirmo mi unión con la vida, con el amor, con la verdad, con la belleza y con el poder. Sé que todo lo que hago, digo y pienso es guiado por la Presencia Divina, Infinito Amor, y Sabiduría Perfecta. Absolutamente nada más que lo bueno puede salir de mí y sólo aquello que es bueno puede retornar a mí.

Calmadamente, gozosamente, pacíficamente, me pongo en manos de la Guía Divina, sabiendo que soy estimulado a pensar inteligentemente, a escoger sabiamente, y a actuar con precisión. Me relajo en la perfecta confianza de que todo está bien con mi alma, y que todo está bien con el alma de toda persona a quien contacto, porque Dios, el Espíritu Viviente, está sobre todo, en todo, y a través de todo.

Capítulo

TÉCNICA
PARA LA PRÁCTICA

Si no existiera un método para la práctica Espiritual Mental, tal práctica no sería científica. Si no existiera una técnica definida, ésta no podría enseñarse. Algunas personas son suficientemente afortunadas y poseen una absoluta fe y convicción a través de su intuición, Pero no todos tenemos este discernimiento interno. Y si esperáramos a que este Poder Divino fuese transmitido sólo a aquellos pocos que poseen esa fe, habría muy poca esperanza para el resto de nosotros.

En la práctica metafísica llegamos a esta convicción a través de un proceso del pensamiento. El proceso en sí mismo no es la convicción, sino el camino que nos guía hacia ello. Para los individuos normales este proceso es necesario. Si tiene un entendimiento inteligente de esta ciencia, estará dispuesto a someter su mente a un entrenamiento consciente hasta que llegue en su pensamiento a una realización clara de la verdad, la misma que su intuición siente y su intelecto proclama.

Cuando hacemos esto, no quiere decir que estamos empequeñeciendo el valor de la fe. Lo que hacemos es reconocerla como la suprema declaración de la vida. Pero como sabemos *que ahora vemos a través de un vidrio opaco,* estamos dispuestos a pulirlo y limpiar de su superficie cualquier cosa que empañe el paso de la luz a través de él. Éste no es un proceso para reajustar la Realidad a la condición que necesita cambiar, sino de reajustar la condición que necesita cambiar a la Realidad que ya existe.

El médico o cirujano confía en la naturaleza para que la sanación tome lugar mientras que hace los reajustes mecánicos que sean necesarios. El psicólogo resuelve los conflictos mentales y emocionales para que la mente pueda sanarse a sí misma. El metafísico también remueve las obstrucciones y reajusta la condición a una realidad más grande.

El Practicante espiritual no hace una demostración al decir simplemente *paz* donde no hay paz. Hace una demostración sólo cuando la confusión se ha convertido en paz. Finalmente la autoridad de sus palabras descansa en lo que sus palabras logran. Son los resultados los que prueban su teoría.

Por ejemplo, supón que alguien está agobiado con un pensamiento de desaliento o depresión. Algo dentro del Practicante sabe que en el Espíritu Divino no existen ni el desaliento ni la depresión. Entonces hace algunas declaraciones al respecto, pero después de hacerlas la confusión aún persiste. Ahora acude a una técnica mental definida para usar la Ley de la Mente en acción. Donde la inspiración le falló ahora comienza a hacer ciertas afirmaciones.

Dios no está confundido ni deprimido. No existe vida aparte de Dios. Dios no teme a nada.

A este punto pueden surgir algunas imágenes de miedo. Así que continúa su Tratamiento diciendo:

Este miedo no tiene realidad alguna. No hay nada en mi consciencia que lo acepte. No hay ley verdadera que lo refuerce, y nada que lo crea.

Ahora presenta un argumento a su mente y a su pensamiento y dice:

Mi mente es la Mente de Dios. Está siempre calmada y en paz.

A medida que continúa con tales afirmaciones, encuentra que su mentalidad se eleva a un lugar donde su visión se ajusta a un nuevo punto de vista. Él demuestra su posición. Él reajusta su experiencia a una armonía primordial que existe en el universo.

No hay ilusión acerca de esto porque la armonía empieza a aparecer. Las ilusiones pueden cambiar, pero nunca las realidades. El conocimiento de la verdad puede disipar una ilusión. La ilusión nunca puede disipar una verdad. La Divina Presencia no deja ni momentáneamente un objeto, ni una persona, ningún lugar o ninguna cosa, de la más pequeña a la más grande. La Divina Presencia está siempre en armonía e integridad.

Es la realidad de esta Presencia, la posibilidad de traerla a nuestra experiencia consciente, lo que el Practicante debe demostrar. Él no se engaña a sí mismo, sino por lo contrario, llega a ser intensamente más consciente, y la prueba concreta de lo correcto de su posición es la nueva manifestación que emerge del cambio de actitud. Sería imposible para alguien usar este poder sin tener una convicción espiritual profunda y sincera. No puede usar el principio a menos que esté consciente de que el pensamiento, operando a través de la Ley de la Mente, hace que las condiciones cambien.

Conociendo esto, el Practicante no debe permitirse estar desanimado. Una obstrucción es simplemente un reto a su consciencia. Cualquier condición que parece contraria a la Armonía Divina es simplemente un reto a su fe. La confusión no es nada más que un reto a su sentimiento de confianza y convicción.

Si un Practicante trabajara las condiciones como si fueran causas en sí mismas, o leyes dentro de sí mismas, no podría hacer nada. Estaría sometiendo su pensamiento a la condición. Consecuentemente, en vez de cambiar la condición estaría sosteniéndola en el mismo sitio. El Practicante sabe que las condiciones no son cosas o leyes de sí mismas. Sabe que todas las condiciones son fluidas, fluyen de adentro hacia afuera, y de atrás al frente con el pensamiento. Primero convierte las condiciones en estados de pensamiento, y luego las lleva un nivel más elevado de entendimiento interno, donde las convierte en nuevas condiciones.

Esto parecería como si estuviera tomando lugar un milagro; como si la Providencia estuviera dándole algún regalo especial de vida. Pero éste no es el caso. Él simplemente está usando una ley superior; o mejor dicho, es la misma ley pero usada de una manera más elevada. Revierte su posición en la Mente, y la Ley de la Mente automáticamente revierte las condiciones para que correspondan al nuevo estado de entendimiento que generó dentro de su propia consciencia.

Jesús fue capaz de hacer esto a través de una fe elevada y pura. Muchos otros han podido hacer esto en un menor grado. Pero como comparativamente sólo unos cuantos han tenido éxito, la persona común tendrá que recurrir a un uso consciente de la Ley de la Mente en acción. Aquí está un Principio que puede enseñarse a cualquiera, y que puede usar cualquiera. No hay objeciones en llamar a esto un principio de fe, siempre y cuando entendamos que a lo que hemos llegado a través del entendimiento es a la fe.

El Principio que Jesús descubrió y usó debemos nosotros usar conscientemente. Por ignorancia y superstición, hemos hecho de su vida la gran excepción en vez del gran ejemplo. Cuando su vida llegue a ser el gran ejemplo en vez de la gran excepción, todos llegaremos a usar el mismo poder que él usó. Algunos lo usarán mejor que otros, pero todos pueden usarlo conscientemente. Cualquiera que lo use obtendrá un resultado que matemáticamente iguala y mecánicamente corresponde al uso de este Principio.

La base para el Tratamiento Espiritual Mental, es una convicción de que la vida del hombre es Espíritu puro. El Practicante reconoce este Espíritu en el centro del ser de su paciente. Esta Presencia es más que una manifestación de Dios, es Dios en esa persona. Dios es todo en todo. Dios es todo el poder, toda la Presencia y toda la vida. La vida al centro del ser del paciente es tan perfecta como lo ha sido siempre.

Esta Divina Presencia nunca ha sido afectada por nada externo o diferente de sí misma. Cualquier proceso de razonamiento que atravesemos para convencernos de esta Divina Perfección no es de particular importancia. Lo que sana es una realización de esta Perfección.

Podríamos hacer esta pregunta "¿Podemos realizar esta Perfección simplemente afirmando que existe?" La respuesta es "Sí" y "No". Si las afirmaciones son reales para quien las hace, si tiene una profunda convicción y sentimiento interno de ellas, sus afirmaciones tienen poder. Si sus afirmaciones son puramente intelectuales, tienen menos poder.

Sin embargo, debemos entender que en la práctica científica usamos una técnica definida. Al hacer ciertas afirmaciones, y tal vez algunas negaciones, el intelecto se reorganiza y llega a ciertas conclusiones. Es como si el argumento del Practicante se presentara a un Principio Mental que actúa sobre las conclusiones a las que llegó la mente del Practicante.

El Practicante remueve las barreras y obstrucciones que obstaculizan la manifestación de la realidad espiritual. El Practicante tiene un acercamiento mental a un reconocimiento o realización espiritual. Sabe que el pensamiento responde al pensamiento, que el campo entero de la consciencia es una combinación de patrones de pensamiento operando como si ellas mismas fueran leyes en sí.

Como percibimos la realidad individualmente a través de nuestros patrones de pensamiento, interpretamos nuestro mundo bajo la luz de estos patrones. Somos como aquél, que sin saberlo, se ha puesto unos anteojos que lo hacen ver todo invertido, de tal manera que si caminara sobre una acera, el lado derecho de la calle podría parecer que fuera el lado izquierdo, la acera podría parecer que está encima de los edificios, el sol podría parecer como si estuviera saliendo en el oeste y ocultándose en el este.

Supón que nos imaginamos a alguien que lleva tales anteojos, imaginémonos que todo lo que mira está invertido y fuera de lugar. Aun en aquello que es verdad asume una posición falsa. En realidad la falsedad no es el objeto de su percepción, sino su interpretación de ese objeto. La Biblia habla de esto y dice: *Es como mirar a través de un vidrio oscuro.* Pero ahora está tan acostumbrado a este punto de vista invertido, de que un verdadero punto de vista le produciría un shock, sería asombroso, sería increíble. Imagina ahora que le cambiamos los anteojos y le ponemos un nuevo par que revela las cosas más cercanamente a como realmente deberían ser. Tendrá que revertir toda su reacción mental. Ahora el sol sale en el este y se oculta en el oeste. La acera ya no está encima de los edificios, y así, con todo lo demás en su experiencia.

Será difícil para él reajustar su punto de vista mental a este nuevo orden de cosas, a pesar de que una profunda racionalización dentro de él declare que por primera vez está viendo ahora correctamente. Parecería que quisiera ponerse de nuevo sus viejos anteojos para poder encontrarse nuevamente en un ambiente familiar, esto se refería Jesús cuando hablaba del ciego guiando a otro ciego, con el resultado inevitable de que ambos se caerían en la zanja.

Se dice que algunos místicos y santos, cuando les cayó la luz celestial, se cegaron de tal manera que no pudieron ver. Fueron inducidos inmediatamente a revertir todo su punto de vista acerca de la vida. Encontraron que habían estado viendo cosas, no a sí mismos. Se habían visto a sí mismos y a los demás como algo separado del Ser Universal. Uno de los resultados de esta experiencia fue, que al recibir la luz celestial del entendimiento, su teología cambió, y su creencia acerca de la relación entre Dios y el hombre se reformó. Tuvieron que ajustar su visión intelectual de separación a una realización espiritual de unidad.

Un Practicante Espiritual Mental es alguien que intelectual y lógicamente siente esta unidad, y que tiene al menos algún entendimiento espiritual de su significado. Llega a la conclusión que los anteojos que él y otros han estado usando, han invertido todo, que han interpretado todo erróneamente, que han atestiguado falsamente, y que la evidencia ha sido tan aceptada que ha sido experimentada, y que es bastante real desde el punto de vista de la experiencia.

El Practicante Espiritual Mental debe tener suficiente visión interna o entendimiento espiritual para sentir que hay una Presencia Divina al centro de todo, y que esta Presencia es perfecta. Es la Presencia de esta Realidad la que busca demostrar. Se ha quitado sus viejos anteojos, los cuales invertían todo, y se ha puesto los nuevos, lo que hace que todo aparezca en el lugar correcto. Algunas veces parece como si tuviera ambos pares de anteojos al mismo tiempo, de tal manera que mira un objeto a través de los anteojos correctos y las cosas están en su lugar, pero al siguiente momento, mira a través de los anteojos equivocados y las cosas de nuevo parecen fuera de su lugar.

Muchas personas creen que cuando uno dice que Dios es todo lo que hay, está negando la realidad de las cosas, el cuerpo físico, el ambiente físico y aún su propia personalidad. Éste no es el caso. El Practicante espiritual no niega nada, excepto las relaciones erróneas. No niega el cuerpo físico o el ambiente. Él se remueve los anteojos que hacen que las cosas parezcan estar invertidas y afirma un cuerpo de ideas divinas, ordenado y organizado por el supremo Espíritu para el propósito definido de expresarse a Sí Mismo. Por lo tanto declara que absolutamente todo en esta colectividad de ideas está en su lugar correcto.

No importa cuán imposible parezca una situación o cuan dificultosa parezca la solución de cualquier problema, el Practicante se mantiene en la idea de que el Espíritu no tiene problemas, y de que no hay situaciones imposibles. Afianzado en una quieta contemplación del Espíritu se llena de Su atmósfera.

EJEMPLO

Sé que existe una Presencia interna en todo. Entiendo que esta Presencia me responde. Comprendo que todos somos encarnaciones de Dios, que el Espíritu viviente respira a través de todo. Reconozco a este Espíritu y Él me responde. Me doy cuenta que todo está vivo, despierto y consciente en Él.

Comulgo con esa Presencia Divina. El Espíritu dentro de mí hace contacto y comulga con el Espíritu en todo y de todos con quien trato. Es el mismo Espíritu en todo, sobre todo y a través de todo.

Tengo una profunda realización de que estoy rodeado por una Ley infinita, la cual recibe la impresión de mi pensamiento y actúa creativamente sobre él. Estoy consciente de mi habilidad para usar esta Ley, para dirigirla para propósitos específicos para mí y para otros. No hay nada en mí que pueda negar, limitar, obstruir, divergir o cualquier otra cosa que pueda impedirme que use esta Ley. Está dentro de mi propia mente, porque Dios está justo donde estoy.

En quieta confianza, con perfecta seguridad, con fe latente y en paz completa, dejo ir todo problema como un problema. Recibo la respuesta en cumplimiento a mi decreto.

Un principio general es que el Practicante siente que cualquier condición errónea es siempre directamente lo opuesto de aquello que debería ser. Al hacer esto debe negar la posición errónea. Reajusta sus pensamientos, su visión mental y sus sentimientos internos a la propuesta de que todo, si se entiende claramente, es parte de una armonía integral y de una completa unidad. Debe negar todo aquello que parece erróneo y afirmar directamente lo opuesto a ello.

Los Practicantes deben tener cuidado cuando se encuentran con negaciones de no hacerlas positivas poniendo demasiado énfasis al negarlos. Lo que se niega es una sombra, no una sustancia; es una falsa conclusión, no la verdad. Su negación es simplemente dejar de lado la evidencia de confusión, de incertidumbre y duda, hasta que se ve que no existe ni como persona, lugar o cosa, ni tampoco como causa, medio, o efecto. Para los Practicantes todo esto debe ser la nada pretendiendo ser algo, una mentira clamando ser verdad.

Es en este sentido que no hay algo comprometedor en la práctica espiritual mental. Considera las palabras de Jesucristo, "El cielo y la tierra pasarán, pero mis palabras no pasarán". Piensa en este hombre que se atrevió a enfrentarse solo a los lugares desolados de la consciencia humana, que se atrevió a ver más allá de lo físico y lo mental hacia la causa espiritual, y que se atrevió a decirle a Lázaro que saliera de su tumba.

En el Tratamiento debemos eliminar toda opinión personal de nuestro pensamiento. Usemos la ilustración de que ponemos un objeto físico sobre la mesa. Aunque podemos mover el objeto de un lugar a otro, no estamos forzando o restringiendo la ley de gravedad; estamos simplemente cambiando nuestra posición en ella. De igual manera debemos quitarnos del camino cuando estamos dando un Tratamiento.

No destruimos las leyes de la vida; siempre están allí, aparecen cuando las usamos. Si nos damos cuenta que la paz reside al centro de nuestro ser, no importa cuánta confusión podamos estar experimentando, entonces, la paz que nunca nos dejó llegará a ser aparente. Esta paz realmente no se reafirma a sí misma, porque nunca dejó de afirmarse a sí misma, y siempre estuvo allí. Nosotros simplemente la veíamos de una manera confusa.

Si miramos a una situación de confusión hasta que la condición desparezca de nuestra consciencia, sólo paz permanecerá. Cualquier declaración acerca de la paz, cualquier realización de su Presencia, nos ayudará. El poder no está tanto en las afirmaciones que usamos sino en la consciencia que las inducen. Nos ayudan a estar conscientes de aquello que ya es. A medida que declaramos la verdad una y otra vez, las imágenes de discordia y confusión se desvanecen y aparece la paz.

Cada Tratamiento que el Practicante hace, tiende a reforzar su propia consciencia, a elevar su alma al abrazo Divino. Un Practicante espiritual mental aventura en la casi inexplorada región de la causa absoluta. Si siente que el resultado de su trabajo depende de algo personal, fallaría de seguro. Es solamente cuando se arroja en completo abandono a una consciencia de realización, que sus palabras son efectivas.

Un Practicante de esta ciencia está siempre buscando alinear sus pensamientos a un ideal espiritual. Debe entrenarse a estar consciente del Espíritu Divino en el centro de la vida de su paciente. Sus argumentos, declaraciones, afirmaciones o negaciones, se ordenan para descubrir la realidad de esta Presencia espiritual, para hacerla real, para sentirla. Hay una lógica espiritual más elevada que el intelecto. Cada hombre intuye esto y siente inconscientemente esta realidad. En la práctica, uno guía conscientemente el intelecto a esta percepción espiritual.

El Practicante clarifica su propio pensamiento *acerca de* alguien más. La reacción en la otra persona equivaldrá a la realización en la mente del Practicante. La Mente como medio es universal y es una unidad completa, no importa dónde pueda encontrarse la otra persona. El Practicante simplemente declara que su palabra es *para* esta persona en particular. Él no debe pensar que está hablando *con* la persona, sino que habla *para* ella. Si piensa que está hablando *con* la persona, probablemente tratará inconscientemente de enviar sus pensamientos o influenciar la mente de la otra persona. Esto no es la práctica científica mental. *La práctica científica mental empieza y termina en la consciencia de quien que da el Tratamiento.*

Al grado en que uno llega a estar consciente de la perfección espiritual de su paciente, trasmite al paciente este entendimiento y puede operar a través de él, eliminando sus creencias erróneas y sus resultados negativos. Al grado de que uno sea capaz de clarificar su propio pensamiento acerca del otro, descubrirá una claridad correspondiente de pensamiento en la mente de aquél para quien se está trabajando.

EJEMPLO

Pronuncia para ti mismo el nombre de la persona para quien haces el Tratamiento, y habla a tu propia consciencia acerca de la persona:

Esta persona es ahora espiritualmente perfecta. Cada órgano, cada acción y cada función de su ser físico es parte del orden Divino. Hay una circulación perfecta, una asimilación perfecta y una eliminación perfecta. Hay una vida, esa vida es Dios, esa vida es su vida ahora, y esta fluye a través de él gozosamente, armoniosamente y completamente.

Después haz cualquier otra declaración que te ayude a darte cuenta de que la persona para quien trabajas es un ser espiritual, y que ahora mismo manifiesta la armonía, la paz y la integridad, que entiendes que el Espíritu debe ser.

Si el paciente está sufriendo de miedo, no es un Tratamiento efectivo decir simplemente que Dios no tiene miedo. El Practicante debe saber que no existe el miedo en la persona que está asistiendo. Su conocimiento de que Dios, en el centro de su paciente, está libre de todo miedo, es el Principio que desea demostrar, y es la base sobre la cual da este Tratamiento. Ahora definitivamente y deliberadamente remueve el miedo de su consciencia acerca del paciente.

Como sabe que los pensamientos son cosas y que los estados de consciencia producen sus resultados lógicos, un Practicante formula sus afirmaciones de tal manera que su propia consciencia se vuelve consciente de la Divina Presencia, de la actividad de la Ley, y del propósito definido ya logrado. El Practicante sigue las instrucciones que dejó el Gran Maestro quien dijo que cuando oremos debemos creer que ya tenemos aquello por lo cual estamos orando.

Esto no es diferente de decir que si queremos cosechar debemos primero plantar, primero debemos poner la idea en la tierra creativa. Cambiando esto al campo mental, llegamos a la conclusión de que la idea debe ser primero aceptada como un hecho ya logrado, porque la Ley no sabe nada de estaciones o de tiempo. Ésta solo puede operar sobre el concepto que se le ha dado. El mejor Practicante es aquél que entiende esto y el que mejor se ha entrenado en tener perfecta confianza en ambos, en el Espíritu y en la Ley.

En la actividad de su consciencia, el Practicante llega a un lugar de su pensamiento donde entrega su propósito a la Ley y lo deja ir gozosamente. Esto es completamente diferente del concepto popular de retener pensamientos o concentrarse en algún poder. Esto no se trata de concentración o de retención. Es simplemente algo de lo que tenemos que estar conscientes.

EJEMPLO

Ahora dejo que el Divino Poder fluya a través de mí. Permito que el Espíritu Divino me llene con su vida perfecta. Tengo la completa fe de Dios por lo tanto descanso en la realización de que estoy sumergido en el Espíritu puro, en la vitalidad de la Vida, y en la Bondad eterna.

Acepto la circulación de la Vida Divina; el Amor y la Energía fluyen a través de todo mi ser. A medida que esta Vida Divina fluye a través de mí, elimina todo lo que no le pertenece a su perfección.

Entonces el Practicante aplica este estado de consciencia a la persona para quien está trabajando:

Esta persona vive en una consciencia del bien, en un sentimiento de seguridad, de alegría, de amor, de integridad y de protección divina. Su fe en Dios es completa. Ahora entrega todo lo que no pertenece de su cuerpo físico a la Vida Divina, sabiendo que cualquier cosa que no pertenezca será eliminada.

Un profundo sentimiento de gozo y entusiasmo y amor por la vida lo inunda, y siente la pulsación y el ritmo de la Vida en cada átomo de su ser. Cada acción está llena de gozo y energía. Un profundo sentido de amor, paz y gozo llena su ser entero de una vida radiante, de luz y de poder. La Vida Divina fluye a través de él y es un ser íntegro, porque Dios en él es perfecto.

No tiene caso hacer declaraciones en un Tratamiento Espiritual Mental, si no las creemos internamente. Todas las declaraciones deben fluir de una consciencia de convicción. Las palabras que se usan son simplemente una expresión espontánea de nuestras creencias internas acerca de la vida. Deben fluir de una consciencia íntegra, de una vida mental íntegra y de un proceso mental completo. Consciencia espiritual quiere decir que cuando el intelecto afirma la Presencia Divina, toda la consciencia siente el significado de lo que el intelecto ha afirmado.

Ese entrenamiento de la consciencia es muy importante en esta práctica, porque es su característica principal. Nuestra consciencia generalmente no está internamente consciente de la bondad, verdad y belleza; es ahí donde una práctica científica y consciente realiza su oficio más importante. El Practicante sabe que un pensamiento consciente correcto, enfocado a través de declaraciones definidas, pone en movimiento la Ley de la Mente.

El Practicante tiene el conocimiento de una ciencia que puede ser usada por cualquier persona inteligente, siempre y cuando cumpla con sus principios y leyes. También conoce una técnica definida que puede ser usada y de la cual tiene conocimiento consciente de cómo hacerlo.

La vida es y nosotros la vivimos. La Ley de la Mente es, y nosotros la usamos. El maestro o el Practicante de esta ciencia, lo mismo que aquellos en la ciencia física, no necesitan explicar el *porqué* las cosas son como son. Los científicos-físicos no intentan explicar porqué la energía es. Simplemente aceptan el hecho de que es, y la usan. De la misma manera que muchos años de cuidadosos trabajos y experimentos en el campo de la ciencia han establecido ciertas verdades y desarrollado ciertas técnicas, así también en la práctica mental espiritual muchos años de investigación han demostrado el principio y la práctica en este campo.

Sabemos algo acerca del *cómo*, pero nada acerca del *porqué*. El *cómo* lo usamos, el *porqué* debemos aceptarlo. Haciendo esto no departimos del procedimiento científico, porque toda la ciencia debe seguir el mismo método. La oración y la fe han producido maravillas a través de todas las edades. Nosotros las estamos reduciendo a un principio que puede ser conscientemente entendido, por lo menos hasta cierto grado. La fe es un principio en el universo, y dondequiera que ha sido ejecutado, este principio ha sido demostrado.

Capítulo

4

PALABRAS QUE SE USAN EN EL TRATAMIENTO

Todas las declaraciones que se usan en el Tratamiento deben ser sentidas con un sentimiento más allá de las palabras, más allá de las declaraciones y de las frases. Es de esta esencia, de este sentimiento de Vida y Espíritu que la mente saca sus conclusiones, las cuales, una vez presentadas al Principio mental, causa que ésta reaccione de una forma afirmativa en vez que de una forma negativa. Sintiendo los resultados en las palabras, los pensamientos y las ideas, las cuales son la actividad de este sentimiento, dichas palabras, pensamientos e ideas vienen a ser el cumplimiento de la Ley de la Mente en acción. De esta manera, la palabra llega a ser una Ley de Espíritu y Vida.

El entendimiento espiritual correcto es una actividad inteligente del pensamiento, el mismo que revela al Espíritu puro como la causa invisible de todo. El pensamiento correcto, proyecta un estado interno de sentimiento puro. Una atmósfera de realidad se imparte a través de la palabra, la cual proyecta tanta realidad como uno sienta en ese momento. Entonces se produce un resultado igual a su entendimiento interno.

¿Por qué un Tratamiento debe ser dirigido conscientemente? La respuesta es evidente. Si tienes fe, debes tener fe en algo. La consciencia debe estar consciente de algo. Por lo tanto, no importa cuán alta nuestra consciencia pueda ser, permanecerá siendo simplemente una atmósfera de consciencia, a menos que sea dirigida... "Jesús declaró su palabra... y lo sanó".

En el Tratamiento las palabras son siempre específicas y directas porque la consciencia debe estar consciente de algo. El Practicante siente algo que no se puede poner en palabras, pero al mismo tiempo su uso le da dirección a su consciencia espiritual para definir el propósito. Se necesita una intención específica para dar un Tratamiento efectivo. Las palabras, pensamientos o ideas, enfocan su intención para propósitos definidos.

Ya que las palabras sin significado no tienen poder, debemos entender que la palabra de poder es una palabra que ha absorbido el poder. La palabra es simplemente una exclamación espontánea de ese poder. Uno no debe preocuparse en demasía sobre las palabras que usa, pero debe estar consciente de su significado.

El Practicante aplica este significado a la persona o condición para quien está trabajando. Cuando dice que la acción del Espíritu está operando a través de los asuntos de aquél para quien está trabajando, internamente debe sentir que la acción correcta está tomando lugar en los asuntos de esa persona. Debe saber que la palabra que habla es la Ley de la Mente operando para esta persona.

Todo este proceso toma lugar en la mente de quien da el Tratamiento, que internamente está consciente de su propia unión con el Bien. Trata de sentir lo que esta unión significa, la siente en sus pensamientos y la capta en lo más profundo de su ser. Es desde esta profunda realización que da su Tratamiento, en el entendimiento de que cada palabra debe regresar con su equivalente ya formado. Él no está tratando de forzar al Espíritu o la Ley. El Espíritu siempre está dispuesto y la Ley siempre está preparada. Fluye automáticamente alrededor de todo; simplemente necesita ser reconocida y usada. Ésta es la atmósfera del Tratamiento.

EJEMPLO

Dándome cuenta que mi palabra es la Presencia, el Poder y la actividad del Espíritu viviente a través de mí, declaro esta palabra con completa confianza de que es la Ley del Bien hacia la (persona, lugar o condición) para quien se declara.

Sé que existe solamente una Vida, esa Vida es Dios, esa Vida es la vida de la persona en quien pienso ahora. Cada órgano, acción y función de su ser físico, están asidos a una divina realidad, tienen un patrón en el mundo espiritual que ya es perfecto, y sé que no hay nada dentro de (_____), o dentro de mí, que pueda obstruir o negar esta divina realidad, la misma que fluye en completa libertad a través de su ser entero.

A medida que esta circulación espiritual toma lugar, todo aquello que no pertenece a la Vida divina y perfecta se elimina calmado, gozosa y pacíficamente. Soy consciente de esta acción divina y sé que es buena.

Éstas son meramente palabras sugiriendo ciertos pensamientos y sentimientos que deben ser reales en la mente del Practicante. No piensa acerca de las palabras en particular que va a usar en el Tratamiento, pero tiene un cierto sentimiento que automáticamente se expresa en palabras. Es la combinación de sentimientos y palabras lo que producen el resultado deseado.

Él no usará las mismas palabras dos veces, tampoco necesita estar demasiado consciente de las palabras que usa. Igual que alguien que trata de describir cierta situación, no piensa por adelantado qué es lo que va a decir, sino simplemente comienza a expresar sus pensamientos y sentimientos acerca de la situación. Así, en un sentido muy definido el Practicante se habla a sí mismo acerca de la persona o situación, y de su propio entendimiento espiritual convence a su propia mente.

El Practicante debe sentir que todo el poder del universo respalda sus palabras y fluye a través de ellas. Uno no podría sentirse de esta manera si pensara que lo hace basado en la fuerza de voluntad, la coerción, concentración o sugestión mental; o que influye una mente con la suya; o con la influencia de la mente sobre la materia.

Debe haber un sentido de gozo en este trabajo, un sentimiento de entusiasmo, lo mismo que convicción, una calurosa expectación mental apoyada por una profunda convicción intelectual, y un profundo entendimiento espiritual. Este estado interno de entendimiento es algo que cada uno debe trabajar por sí mismo y dentro de sí mismo. Existen muchas guías, tales como lecturas de las palabras de Jesús y otros maestros espirituales, tratar de entrar en el significado de sus pensamientos. Éste es el significado de las palabras usadas y que son importantes cuando practicamos la Ciencia de la Mente.

A un artista se le pueden enseñar técnicas; puede aprender métodos mecánicos; pueden enseñarle cómo debe preparar sus lienzos, como hacer un bosquejo. Se le puede enseñar perspectiva y cómo mezclar colores. Pero, el mejor de los maestros no puede enseñarle a un artista cómo sentir. El sentimiento debe fluir del interior o no habrá belleza en sus lienzos. Esto es algo que no puede enseñarse, algo que debe venir de su propio sentimiento interno al tratar de alcanzar la esencia de la belleza.

Hay un arte en la sanación espiritual, una sensación, un sentimiento, una emoción espiritual. Nadie puede darnos esto sino nosotros mismos. Nada puede hacer esto por nosotros, ningún punto de vista simplemente espiritual, ninguna filosofía de vida, ninguna lógica o razón. Hay un testigo interno dentro de cada uno de nosotros y es el único que puede hacer esto. El Espíritu Mismo debe atestiguar el hecho.

La mente debe oscilar entre meditaciones, comunión consciente con el Espíritu, y acción. Debe oscilar entre realización y declaración, entre sentimiento y palabras; entre significado, que es entendimiento interior, y pensamientos, que son las herramientas de este entendimiento.

Las palabras, los pensamientos, y las afirmaciones que se usan en un Tratamiento le dan forma al sentimiento, mientras que la intención consciente con que se hacen las declaraciones, le da dirección al Tratamiento. De esta manera, el sentimiento toma forma, mientras que las palabras, a través de una intención definida, especializan este sentimiento para propósitos concretos. Esto es lo que significa dejar al Espíritu atestiguar las palabras mientras las palabras le dan dirección a la Ley.

EJEMPLO

Sé que esta persona (_____ nombre) para la cual hago Tratamiento, es un ser espiritual divino. Que vive y se mueve en el Espíritu puro. Que es uno con el amor, con la paz, con el gozo y con la vida. Todo lo que hace, dice o piensa, está gobernado por la Inteligencia pura e inspirado por la Sabiduría Divina. Es guiado hacia la acción correcta. Está rodeado de amistad, amor, y belleza. Un gozo entusiasta, vitalidad e inspiración, están en todo lo que hace.

Esta persona (_____ nombre) representa la Vida que no necesita nada, la cual está por siempre manifestándose en libertad, expresión propia e integridad. (_____ nombre) representa el principio de Actividad Divina, la cual nunca se cansa, la cual nunca nació, no cambia ni muere. Es receptivo a la energía inagotable del universo al influjo de la vida perfecta, a ideas perfectas y al gozo completo.

(_____ nombre de la persona) está consciente de su guía divina, de su completa alegría, de su salud abundante y de su prosperidad incrementándose. Es consciente de su sociedad con el Infinito. Sabe que todo lo que hace prospera.

(_____ nombre de la persona) acepta esta palabra. Sabe que ésta es la Presencia, el poder y la actividad de Dios en él. Sabe que está consciente de su guía divina, de un aplomo y una paz interna. Inmediatamente está consciente de una vida más abundante. Espera un bien más grande, más alegría y un éxito completo en toda cosa constructiva que empieza.

Afirmo que esta palabra es la Presencia del Espíritu en (_____ nombre), es la ley del bien operando a través de él y establece en él aquello que es bueno, bello y verdadero.

ESTÁ HECHO. LO ACEPTO. LO CREO. LO SÉ.

Capítulo

FUNCIÓN DE LA FE

En el universo nada sucede por casualidad. Todo sucede de acuerdo a la Ley. La fe es una Ley, y actúa como tal. La Ley de la fe es una ley de creencia, una creencia tan completa que la mente no puede rechazarla. Esta creencia debe ser subjetiva, lo mismo que objetiva. Debe penetrar nuestra consciencia interior.

El Practicante tiene una completa convicción de que un alto uso de la Ley de causa y efecto trasciende cualquier uso más bajo de ella. A pesar de que empieza sólo con una convicción intelectual o lógica de ello, su intuición espiritual apoya esta lógica y lo hace consciente de esta realidad. Esto eleva su fe a un lugar de completa certeza. La consciencia espiritual debe ser agregada a la técnica mental. La técnica mental es el uso que hacemos de esa consciencia.

El Practicante debe saber que las condiciones fluyen de las causas y no al contrario, que todo en el mundo físico es un efecto y que debe tener una causa espiritual y mental detrás de él. Cambia la causa y la Ley cambia el efecto. Esto sucede solamente cuando hay una realización de la supremacía de la fuerza del pensamiento espiritual sobre lo que parece resistirlo; esto es lo que da poder al Tratamiento.

Se podría preguntar si esto es diferente a la fe. Sólo en el sentido de que es fe usada como entendimiento, fe aplicada conscientemente para propósitos definidos, fe dirigida hacia finales específicos en forma definitiva. Cuando Jesús multiplicó los panes y los peces, no estaba convirtiendo el agua en vino; no estaba encontrando dinero en la boca del pescado o sanando a un hombre ciego. Estaba multiplicando panes y pescados. Estaba usando su conocimiento interno con un propósito definido de alimentar a las multitudes. Jesús multiplicó la idea en su propia consciencia, dio gracias, y con una sublime indiferencia les indicó a sus apóstoles que distribuyeran el resultado entre las multitudes.

Esto fue un acto de fe incondicionada indudablemente, pero fue una fe definitiva. Él estaba haciendo una cosa específica. Jesús fue muy acertado en el uso del poder espiritual. Cuando le dijo al ciego que viera, estaba usando su consciencia de la Verdad Espiritual con el propósito de cambiar la ceguera a visión. La ceguera fue una condición objetiva la cual ignoró. Su equivalente espiritual mental de visión fue mayor que el equivalente mental de no ser capaz de ver; por lo tanto lo trascendió, e inmediatamente los ojos de ese hombre se abrieron.

Aquél que estudia los actos de fe a través de los años, descubre que cuando la fe fue aplicada en forma efectiva para propósitos específicos, siempre la siguió un resultado definitivo. Existe una historia verdadera acerca de un hombre que oraba para que Dios levantara la neblina. Entraban a un puerto y el capitán del barco no quería atracar al muelle debido a que había una niebla espesa.

Este hombre, de una gran fe espiritual, llevó al capitán a su cabina y oró con él para que se levantara la niebla. Cuando subieron a la cubierta encontraron que la niebla se había disipado. Este hombre era un ministro anticuado y ortodoxo, pero estaba actuando de acuerdo a la ley de la fe. Él vio la luz a través de la niebla.

Un Practicante espiritual de Ciencia de la Mente se confronta continuamente a la niebla del miedo, la superstición y la duda; de no ser así, no habría necesidad de su práctica. El Practicante hará una de dos cosas: perderse en la niebla o ver la luz a través de ella. A pesar de que la niebla está allí, el sol siempre está brillando, y esto es en lo que el Practicante se apoya. Declara que el sol está brillando y que la niebla se disipa. Éste es su acto de fe, con ello cumple con la Ley, en su propia consciencia entrega las apariencias a una certeza mayor.

Es por esto que el Practicante Espiritual Mental debe pasar mucho tiempo solo y en meditación hasta que el Espíritu sea tan real como la forma. La práctica Espiritual Mental no pide gran concentración, sino una profunda realización y convicción.

Si esta profunda convicción fuera algo que tuviéramos que implantar en nuestras mentes nos perderíamos en un mar de filosofía especulativa. Lo maravilloso de esto es que la convicción profunda ya está ahí cuando disipamos la confusión. Si uno tuviera que darle vida a la Vida no podría hacerlo, estaría perdido. Pero si la Vida ya está al centro de todo, uno puede reconocerla. Esto es lo que la práctica Espiritual Mental es. Es el reconocimiento de una armonía profunda y permanente al centro de todo.

EJEMPLO

Tengo una profunda convicción de que hay una Presencia divina y perfecta en el universo; que el espíritu de la Verdad está en todas partes; que Dios está donde yo estoy. Que no hay duda, ni confusión, ni miedo, porque sé que yo soy uno con la Presencia única, perfecta y divina.

También me doy cuenta que la Ley de la Vida divina acciona mi palabra para traer resultados definitivos en mis asuntos y los asuntos de aquellos para quienes dirijo mi pensamiento. Tengo completa confianza en esta Ley del Bien, una seguridad inmutable en ella, y una completa certidumbre acerca de ella. Y sé que como dijo Jesús, "todas las cosas son posibles para Dios", que no hay limitación en la Ley del Bien. Por lo tanto, en quieta confianza, calmado y en paz, declaro mi palabra y en total confianza. (Digo estas palabras, hago estas afirmaciones o doy este Tratamiento, ya sea por mí mismo o por otras personas, situaciones o condiciones).

Si el Tratamiento es para uno mismo, se dice:

Soy consciente de que me rodea el Amor Divino y la Sabiduría Infinita, y que la Vida de Dios es mi vida ahora. Sé que no hay nada en mí que pueda impedir que la Divina Inteligencia gobierne mis asuntos y de que me guíe diariamente hacia la acción correcta; por lo tanto, afirmo que en todo momento sé lo que hago. Soy impulsado a actuar inteligentemente sobre cada impresión correcta que me llega.

En esto no hay labor, ni estrés, ni hay ansiedad, sino una completa realización y calma, porque el Practicante tiene confianza absoluta en la Ley y debe tener confianza igualmente en su habilidad de usarla. Debe saber que su palabra pone la Ley en operación según lo que se le asigna. Traslada el universo material a términos de pensamiento o consciencia, y entiende que todos los efectos manifiestos son simplemente consciencia en forma, así genera una consciencia de acción correcta, y sabe que la Ley de la Vida automáticamente creará condiciones que serán la correspondencia física exacta a su actitud mental interna.

Es necesario que el Practicante retire su pensamiento de las cosas como parecen ser; y piense independientemente de toda condición existente. Nadie puede tener una práctica exitosa de esta ciencia, a menos que sea capaz, y esté deseoso a hacer esto.

¿Acaso esto no es un acto de fe? Ciertamente lo es. Y así es también con todo lo demás en la vida. Debemos tener fe en que las leyes de la naturaleza funcionan. Tener fe cuando plantamos una semilla que ésta producirá una planta. Tener fe que la ley de la gravedad sostiene todo en su lugar. Lo único que estamos agregando a esta fe es una realización de que todas las leyes naturales tienen sus bases en la Inteligencia Divina; las leyes naturales son la Inteligencia Divina en acción. Nuestra propia palabra, declaración, oración o fe, son otras de esas leyes naturales que operan en el campo de la consciencia.

El Practicante contempla las circunstancias que existen y sin combatirlas, crea un nuevo conjunto de circunstancias al cambiar conscientemente la ley que produjo la condición que requiere cambiarse. Si en su mente sólo entretiene las cosas como parecen ser, nunca podrá demostrar más allá de la apariencia, y todo lo que ocurra será simplemente más de la misma cosa.

Pero el Practicante eleva su consciencia, ve más allá de los hechos hacia a una nueva causa. Él algunas veces niega los hechos simplemente para sacarlos de su pensamiento, mientras afirma lo contrario.

La fe es una actitud mental hacia la vida que puede ser cultivada, puede adquirirse conscientemente. Cualquier estado de consciencia que deseamos puede ser adquirido si trabajamos con ello suficientemente. Esto no es posible a menos que exista una Ciencia de la Mente y el Espíritu. Debemos realizar que la fe está sujeta a leyes definidas, y que estas leyes son las leyes de la mente en acción. Debemos saber que la fe puede generarse conscientemente.

No podemos puntualizar esto demasiado. Ésta es la esencia misma sustancia de la práctica Espiritual Mental consciente, y puede definitivamente enseñarse. Todas las personas que han utilizado la fe efectivamente a través de los años, han usado esta Ley conscientes o no de ella. Estamos simplemente tratando de traer la ley de la fe bajo un control consciente. Visto correctamente, esto no es un intento de adquirir fe, sino más bien se trata de cómo usar la fe que todos ya poseen. Debemos tratar de combinar la elevación espiritual con una acción mental consciente para propósitos definidos.

Esto es lo que constituye la práctica Espiritual Mental con bases científicas. Y cuando decimos "científica" no queremos decir algo frío y meramente mecánico, simplemente hablamos del uso consciente de una ley conocida.

Somos, en nuestro mundo exterior, el resultado del estado subjetivo de nuestro pensamiento. Lo adquirido subjetivamente y de los patrones de pensamiento que entretenemos, en su mayoría inconscientes, continuamente invaden nuestra atmósfera mental, atrayendo y repeliendo circunstancias sin nuestro conocimiento consciente. El contenido de nuestro pensamiento subconsciente determina qué es lo que nos va a pasar. Éste parece ser el medio entre lo Absoluto y lo relativo en nuestra experiencia. Al grado en que re-eduquemos nuestros hábitos de pensamiento, reaccionarán automáticamente de acuerdo a una ley mental mecánica, una ley que refleja lo que se le proyecta.

La persona normal ignora estos hechos acerca de nuestra vida espiritual, y, desafortunadamente, muchos que sí creen en ella tienen ideas supersticiosas de la práctica espiritual mental. Muchos piensan que cuando hacemos un Tratamiento estamos convenciendo a Dios o manipulando al Espíritu. Todas esas ideas deben ser descartadas, y ver que un Tratamiento Espiritual Mental es el uso consciente de una ley definida.

La práctica correcta incluye una enseñanza correcta, porque no simplemente queremos ayudar a las personas, debemos igualmente tener el deseo de enseñarles cómo ayudarse a sí mismas. A la gente se le debe enseñar cómo unir la fe con el entendimiento, de tal manera que no sólo sabrán *qué* es lo que están haciendo, sino que sabrán *por qué* lo están haciendo. Su fe debe de ser una fe en Dios, el Espíritu viviente. Es correcto y necesario que tengan esta fe. Sin embargo; este conocimiento también incluye una definitiva Ley de Causa y Efecto en el mundo mental, la Ley de la Mente en acción.

Jesús hizo repetidas referencias a la acción de esta Ley. Dijo: Tu fe te ha sanado... ¿crees tú que puede hacerse esto? Si lo crees, sí es posible... El cielo y la tierra pasarán, pero mis palabras no pasarán. En la parábola del sembrador, el Maestro se refiere a la palabra como a una semilla. Indudablemente él entendió la acción de esta Ley, pero como entendía que Ella responde correspondiendo, les dijo a sus seguidores que estuvieran cerca del Espíritu, así no habría nada en la reacción automática de la Ley que pueda hacerles daño.

Jesús estableció la ley toda como una ley de fe. Él lo puso tan simple que su significado nos ha eludido. Siempre nos hemos maravillado sobre cuál acto especial de gracia o Divina Providencia lo hizo capaz de sanar al enfermo, hacer que el agua se volviera vino, o multiplicar los panes y los peces. Jesús no cambió las leyes de la naturaleza, cambió el uso común de ellas. Él no fue simplemente un hombre que tuvo una gran fe... usó su fe de una manera positiva en vez de una manera negativa. Su fe en el Bien fue igual a la fe en el mal del hombre ordinario. No fue una fe diferente; fue un uso diferente de la fe.

Cuando uno trabaja para resultados espirituales, debe guardar sus lecciones para sí mismo, no debemos argumentar con otros porque podemos entrar en su incredulidad. Su entendimiento espiritual es un secreto en su propia mente. No debe recibir sugerencias de negación, de ninguna fuente. Se aferra a las imágenes mentales del bien ignorando todo aparente opuesto, ya sea que se encuentre en la mente o en forma, en pensamiento o en asuntos.

Con la confianza de un niño, el Practicante eleva su consciencia al universo. Este acto sublime de fe es justificado por sus resultados, porque el universo honra nuestra aceptación de él, en los términos que lo aceptamos.

EJEMPLO

Sé que el Espíritu dentro de mí es Dios. Dejo que este Espíritu, el cual es perfecto, pleno y completo, fluya a través de mí. Permito que el Espíritu de amor y paz invada todo mi ser, haciéndome desear solamente aquello que es bueno, y ver solamente aquello que es bueno.

Tengo fe de que mi palabra no retornará a mí vacía. Me entrego com-
pletamente a esta fe, porque sé que hay un Espíritu creativo que da
sustancia a esta fe y que provee la evidencia de esta sustancia en
hechos. Sé que mi fe opera a través de una Ley inmutable y que no hay
posibilidad alguna de que ésta falle. Entonces, espero encontrar mi
bien, y me regocijo en la anticipación de este bien.

Sé que solamente el bien puede salir de mí y retornar a mí, por lo tanto,
descanso en calma y confianza sabiendo que el Amor Divino y la
Inteligencia Infinita me guían y me guardan.

Capítulo

6

CONSCIENCIA ESPIRITUAL

En cierto sentido, la sanación Espiritual Mental es una revelación porque está designada a revelar la verdadera naturaleza de la persona para quien se hace el Tratamiento. No importa el proceso con el cual el Practicante haga Tratamiento para su paciente, siempre trabaja por una realización en su propia mente, de la naturaleza espiritual de quien está trabajando. No importa qué método use para llegar a esta realización espiritual. El método es sólo el camino por el cual viaja, su destino es la consciencia espiritual.

Todas las palabras, pensamientos, afirmaciones y negaciones, las declaraciones y las realizaciones en el Tratamiento espiritual son con el propósito de llevar al Practicante a una consciencia más elevada de aceptación espiritual. Las palabras son los moldes. La consciencia que fluye a través de ellas es la que llena esos moldes con una sustancia viviente.

El factor importante es, por lo tanto, si la forma que uno usa, hace que su propia mente lo crea. Podría usar un proceso de razonamiento, de lógica o de argumento consigo mismo. Puede pasar a través de un proceso de afirmaciones y negaciones. Pero siempre el proceso debe tender a llegar a una realización interna, a un sentimiento, una sensación, y una atmósfera de paz, armonía y protección.

Todo el Tratamiento se basa en la suposición de que existe un prototipo espiritual en el centro de todo. Lo perfecto siempre ha estado ahí, implantado por el Espíritu. Lo imperfecto ha sido añadido por la mente humana. Lo que la mente humana ha puesto ahí puede ser eliminado, pero no lo que ha implantado lo Divino; eso sólo puede estar cubierto. La práctica Espiritual Mental es descubrir la Naturaleza Divina.

El Practicante debe creer eso para que su trabajo sea efectivo. A menos que a través de un simple y directo acto de fe sienta instantáneamente su centro Divino, tendrá que recurrir a un método. Para practicar con la seguridad de obtener resultados consistentes, uno no puede generalmente depender de la inspiración del momento. Uno debe tener como procedimiento un método, una manera de llegar a la consciencia espiritual a través de un proceso de afirmaciones.

EJEMPLO

Estoy consciente que la vida y la inteligencia dentro de mí es parte del Espíritu Universal. Por lo tanto, sé que mi mente es una con la Mente Infinita, y como es una con la Mente Infinita, es continuamente guiada y dirigida, y todas mis acciones son controladas por el Espíritu dentro de mí.

Sé exactamente qué debo hacer en cada situación. Toda idea necesaria para una vida exitosa viene a mi atención. Están siempre abiertas para mí las puertas a oportunidades interminables para la mejor expresión de mis talentos. Nuevas y mejores experiencias vienen continuamente a mi encuentro. Cada día que llega me trae un mayor bien, más bendiciones y mayores oportunidades de expresión. Prospero en todo lo que hago. La abundancia del bien es mía hoy.

Hay algo dentro de mí que entiende la Verdad, y completamente la acepta, que recuerda libertad, expresa libertad y anticipa libertad. Hay ese algo dentro de mí que está completamente consciente de su unidad con todo el bien, de su unidad con todo el poder que existe, con toda la Presencia que existe, y con toda la vida que existe. Dependo con completa certeza de este Poder, Presencia y Vida. Tengo una absoluta confianza interna de que la Divina Inteligencia me guía en todo lo que hago.

Sé que hay una Presencia divina en todo y en todos. Sé que esta Presencia me responde. Sé que todos somos encarnaciones de Dios y que el Espíritu viviente respira a través de todo. Me doy cuenta que todo está vivo, despierto y consciente en el Espíritu. Reconozco este Espíritu y Él me responde. El espíritu dentro de mí alcanza y comulga con el Espíritu de todos y todo lo que contacto. El Espíritu es el mismo en todo, sobre todo y a través de todo.

El entendimiento espiritual es importante en el uso de la Ley de la Vida, porque la Ley es el siervo del Espíritu. Nuestra consciencia espiritual es el templo sagrado del Altísimo dentro de nosotros. Nuestra fe y convicción son la Montaña de la Transfiguración, donde recibimos una profunda convicción de que existe un Espíritu en el hombre, y que ese Espíritu es Dios.

Ya que hay mucho en el mundo que contradice esto, los que estamos buscando demostrar este principio de bien, debemos pasar mucho tiempo en el silencio con nuestro propio pensamiento, recogiendo para nosotros mismos las energías espirituales del universo hasta que éstas lleguen a ser más reales que aquello que las contradice. Parece que no hay manera de cortar camino. Ya que cada uno de nosotros es un individuo, cada uno debe generar su propia consciencia y establecer su propio equilibrio espiritual.

Jesús dijo que la puerta para una vida más plena siempre está abierta. Probablemente quiso decir, que el cielo está siempre presente dentro de nosotros. Que siempre, al otro lado de la confusión hay paz, que al otro lado de los disturbios siempre hay serenidad. Que la bondad siempre disipa la maldad si vemos persistentemente bondad en vez de maldad. Esto podría parecer una locura al intelecto que está acostumbrado a aceptar las cosas tal como aparentan ser. Al que es intelectualmente ciego, el conocimiento espiritual le parece una tontería; de la misma manera que la fe parece una tontería para el miedo, la felicidad parece una tontería a la desilusión, o la salud parece una tontería a la enfermedad.

El universo sólo nos puede dar aquello que tomamos, y ya que tomar es una cosa de consciencia, el universo sólo nos puede dar aquello de lo que estamos conscientes. No hay duda que nuestra eterna evolución es un proceso interminable a través del cual llegamos a ser más conscientes de la vida. Es algo que nos da gozo contemplar, no importa cuánto bien podemos experimentar hoy día, sabemos que esto es sólo un indicio de que viene mucho más en camino.

Pero si tenemos muchos logros hoy y llenamos el presente con alegría y con el más alto sentido de integridad que podamos entretener, vamos muy bien. La secuencia lógica de más y mejor llegará a su debido tiempo. Todavía no estamos listos para recibir más de lo que podemos entender, y cuando lo entendamos y absorbamos mejor, esto se manifestará.

Es algo así como si sacáramos agua de un océano ilimitado. Cada día podemos usar una medida más grande, y cada día podemos sacar más. El océano nunca se extinguirá. La verdad es que cada vez que sacamos agua del océano, ésta siempre regresará en una nueva forma. Y así, el juego de la Vida sigue su juego consigo mismo para siempre. La realización de sí mismo tomando lugar espontáneamente, fluyendo del océano infinito de su propio conocimiento.

Debemos pensar en nuestras vidas como una consciencia en aumento, un entendimiento siempre creciendo y expandiéndose, un progreso interminable de evolución individual y colectiva. Hay un gozo constante en la expansión, y un sentido entusiasta de aventura en el desarrollo progresivo de la consciencia espiritual. Es suficiente saber que nuestro bien está con nosotros hoy, que mañana el mismo bien puede multiplicarse, y así sucesivamente.

Ésta es una relación espiritual verdadera con el universo, porque Dios no es un acontecimiento lejano de nosotros, sino una realidad siempre presente. No debemos pensar que el Espíritu está separado de nosotros, sino algo que está dentro de nosotros y a nuestro alrededor. Mientras mantengamos el concepto de Dios como algo distante, deberemos buscar reunirnos con la Fuente Divina de nuestro ser. En realidad no es la unión con Dios lo que estamos buscando. Buscar la unión es simplemente un paso intelectual que damos. Gradualmente, esta búsqueda de la unión cesará, y aprenderemos a vivir desde la certeza de una unidad que ha estado siempre establecida.

Éste ha sido el secreto de vida de todos los místicos a través del tiempo. Aquellos que han sido bendecidos con la consciencia cósmica ya no dicen "Iré es su búsqueda", sino que dicen "Esto es lo que Él es". Jesús dijo: *Quien me ha visto a mí ha visto al Padre.* No todo el Padre, por supuesto, sino aquello que se asemeja a la naturaleza de la mente paterna. Estas pocas personas, cuyos pensamientos y palabras estudiamos como perlas de gran precio, han incorporado tanto sus pensamientos y sentimientos con lo Invisible que la Esencia Misma proclamó la naturaleza Divina de su ser a través de ellos.

Veamos cómo funciona esto. Consideremos la vida de alguien que ha estado más o menos consumido por celos, odio, disputas y resentimientos. Alguien que se ha aislado tanto, que el amor ni fluye de él ni va hacia él. El afecto humano parece haberse secado en la fuente.

Si es una persona inteligente, se dará cuenta de esto. Sabrá que algo está mal. La vida ha implantado la intuición dentro de él y siente que hay algo que necesita reajustarse a la Vida, de tal manera que pueda ser amado y feliz. Si es correctamente guiado ya sea a través de su propia intuición o de la de alguien más, entonces comenzará a viajar de regreso a sí mismo para ver dónde se encuentra el problema (el problema siempre miente, y nunca dice la verdad). A través de la fe o el entendimiento, determina retroceder sus pasos mentales, y regresa en su imaginación al lugar donde él es uno con todo.

EJEMPLO

"No temeré el mal porque Tú estás conmigo". Hoy el amor Divino y su infinita ternura me sostienen. Para no separarme de este amor, me propongo verlo reflejado en todo y en todos. Sólo permitiré que aquello que es amoroso, cariñoso y verdadero, encuentre entrada y salida en mi consciencia. Por lo tanto, me aseguraré de bañarme en el ardoroso resplandor del amor que expulsa todo miedo.

Hoy, derramo la esencia del amor sobre todo. Todos serán amorosos conmigo. Mi alma se une al alma del universo. Nada es feo, todo es bello, todo tiene una razón de ser. Este amor es un poder sanador que convierte todo lo que toca en algo íntegro y pleno, que sana las heridas de la experiencia con su divino bálsamo.

Sé que ésta Esencia de Amor, la Sustancia misma de la Vida, el Principio creativo detrás de todo, fluye a través de todo mi ser, espiritual, emocional, mental y físico. Fluye de una manera hermosa y trascendental en mi mundo de pensamientos y forma, siempre renovando, vitalizando, trayendo gozo, armonía y bendiciones a todo aquello que toca.

Aunque no es fácil, algo lo estimula a persistir en este esfuerzo, así que gradualmente cambia sus pensamientos acerca de la gente. Se armoniza con la vida, se unifica con lo viviente. Empieza a ver lo bueno en todo. A medida que hace esto, el bien que ya está en él, y el amor que había llevado una máscara de odio, celos y resentimientos nacidos de un sentimiento de aislamiento desaparecen, y el amor que siempre estuvo ahí sale a la superficie.

La gente empezará a ver el gran cambio que ha sucedido en nosotros, y verán que después de todo, no somos malas personas, hay mucho que admirar en nosotros. Gradualmente, este pensamiento cambia de especulación a confianza, de análisis intelectual a una profunda respuesta emocional, y finalmente, a uno de consciencia espiritual donde la gente puede ver en nosotros la personificación del amor, del cariño, de la simpatía, y de la amistad.

Ha encontrado su unión con el amor. Ya no lo sigue buscando. Es ello; por lo tanto, su esencia pasa a través de él. ¿Podemos decir que el amor que ahora experimentamos en él, es diferente del amor que le asignamos en el Ser Divino?

No debemos sentir que esta divina bondad es sólo para unos cuantos. Es el regalo del cielo para todos. Ésta es la esencia misma de la religión. Ninguna religión puede tener esta esencia a no ser que esté fundada en el amor. Es maravilloso contemplar que podemos realizar tal amor, unificarnos con él, y vivir en él.

No puede haber resultados efectivos o duraderos en el Tratamiento Espiritual Mental, a menos que reúna nuestra alma con nuestra fuente. No podemos divorciar la realización espiritual de la forma más efectiva del Tratamiento mental. A menos que la consciencia alcance una realización del Espíritu, todavía sigue luchando en aislamiento. El Practicante mental puede esperar éxito solamente si cree y vive en el Espíritu Interno.

El pensamiento que alcance el más alto nivel de consciencia espiritual, tendrá el mayor poder. El hecho de que la Ley de la Mente es como cualquier otra ley de la naturaleza, es decir, mecánica, y de operación matemática, nos demuestra que la Ley por sí misma no puede hacer otra cosa que nivelar Su reacción automáticamente al punto más alto de nuestro conocimiento interno. *La consciencia espiritual es poder.*

La demostración hecha a través de la Ley es simplemente el resultado lógico de una consciencia adquirida a través del Espíritu. No podemos divorciar la realización espiritual del más alto uso de esta Ley, y no tiene caso de que tratemos de hacerlo. Esto sería como si estuviéramos tratando de sacar el calor del fuego, o robarle al sol su luz. Cuando entendemos que la Ley de la Mente en acción es una fuerza mecánica, desaparecerá de nuestra consciencia todo sentimiento de esfuerzo, o de forzar que sucedan las cosas. Procederemos asumiendo que pensamientos y cosas son idénticos. Utilizaremos mejor nuestro tiempo en adquirir una consciencia, que en tratar de hacer que las cosas sucedan.

De ninguna manera excluye esto que adquiramos cosas, porque todo lo que nos hace felices es correcto, todo lo que nos da gozo está en sintonía con la naturaleza, todo lo que produce deleite, paz, y contento tiene que pertenecer al Reino Divino. Estas cosas están incluidas en la consciencia del Reino y no deberíamos vacilar en anunciar nuestros logros a través de la Ley de cualquier deseo que sea legítimo. Pero respaldando estas cosas que asisten a vivir una vida más plena, debe haber un crecimiento de la consciencia de integridad, una profunda convicción del poder del bien, y una creciente realización de la Presencia Divina.

Si estuviéramos haciendo esta declaración: "Dios es todo lo que existe", sería más completo para nuestra consciencia si añadiéramos: "Dios está aquí ahora". Cuando digamos: "La actividad del Espíritu es la única actividad que existe", completemos esta declaración diciendo: "Esta actividad está aquí mismo donde la condición está".

En el Tratamiento traemos nuestro más alto concepto de la Vida a un punto de enfoque, declaramos que ya que la Vida es incondicional, plena, y está siempre fluyendo, está fluyendo ahora la acción correcta, a través de la persona, lugar o cosa que estamos pensando. Ésta es la forma de traer el cielo a la tierra.

Hay un nivel más profundo que el intelecto, sin embargo, el intelecto es el que debe unirse con ese algo más grande que sí mismo. El intelecto no debe perderse, sino encontrarse en una integridad universal. El ser descubre al ser en un ser mayor. El deseo ardiente de todo el que trabaja en este campo es hacer este descubrimiento para ellos mismos y para otros. Aquél que escucha los deseos sutiles de su propia alma, y se acostumbra a ver a Dios en toda la naturaleza, gradualmente se transformará de una consciencia baja a una más elevada.

El Practicante no sólo debe saber que es uno con la Vida, sino que también debe tener una sensación de que la Vida fluye a través de él. Las palabras que usa deben impartir una atmósfera de algo más grande que sus palabras, algo que tiene un significado más profundo que cualquier cosa que pudiera poner en palabras. Las palabras son meramente una proclamación de este significado, moldeadas en cualquier momento para servir una necesidad en particular.

Nuestro acercamiento al Espíritu debe ser simple, directo y espontáneo. No hay más Dios en un lugar que en otro. Donde quiera que estemos, Dios está, y donde quiera que reconozcamos la Divina Presencia, Ésta nos responderá.

Confiar en esta Presencia es la forma más elevada de sanación. Sentir que nos guía es lo normal, desear que la Mente Divina se proyecte a sí misma en nuestros pensamientos y acciones, es lo natural. Es ese algo espiritual que debe ser agregado a cada palabra que se habla en un Tratamiento efectivo. Todos debemos entrenarnos a escuchar profundamente al Espíritu que espontáneamente fluye a través de nuestro propio ser. Esto es agregar el Espíritu de Verdad a la letra de la Ley. Cuando los dos llegan a ser uno, el poder más maravilloso que el mundo haya testimoniado fluye libremente a través de las acciones de los sucesos humanos.

Ésta es la meta a través de la cual la mente de cada Practicante viaja, no importa si trabaja para él mismo o para alguien más. Como sabe que Dios es *todo* lo que es, sabe que esta totalidad está ahí mismo *donde* él está, a través de lo que hace, manifestándose *a través* de su palabra y de su acto. Sabe que no hay diferencia entre su pensamiento de acción y la acción que procede de ese pensamiento.

Capítulo

7

EL PRACTICANTE HABLA
CON AUTORIDAD

El Practicante sabe que su palabra es la Ley de la Mente en acción, que conscientemente neutraliza, cancela y borra absolutamente todo lo que niega nuestro centro perfecto. Su diagnóstico espiritual revela lo que es eternamente la Verdad. Las palabras que usa tienen el poder de disipar todo aquello que niega la Verdad. Habla con una autoridad basada en dos propuestas fundamentales que ha aceptado.

La primera es la Presencia del Espíritu puro en todo. No hay nada en la lógica humana que pueda negar esta suposición. No hay nada en los descubrimientos científicos que la refuten. El cuerpo entero de intuición individual y colectiva a través de las eras le da validez. Dios es realmente todo lo que existe. Esto es más que una declaración de fe. Es la afirmación de un hecho cósmico. Ésta es la primera suposición: que Dios es todo lo que hay y que el Espíritu puro existe en Su forma original en todos lados; es la base para todo Tratamiento Espiritual Mental correcto, no importa cuál sea el propósito del Tratamiento.

La segunda autoridad del Practicante se ha desarrollado a través de las experiencias de un número cada vez mayor de personas que han descubierto que el pensamiento responde al pensamiento, que una declaración positiva neutraliza una negativa. Esta segunda autoridad no es una suposición, es más bien una realidad.

Las declaraciones del Practicante se pronuncian con la calma y seguridad de que nada puede obstruir la Verdad. No se trata de la autoridad de una mente que ejerce influencias sobre otra mente, sino que es la autoridad de la Verdad Misma. De la misma manera que aquél que trabaja en el campo de las ciencias físicas ejerce autoridad a través de su conocimiento de las leyes de la física. Sabe que ciertas combinaciones juntas producirán resultados inevitables. Los resultados serán matemáticos y mecánicos. El Practicante Espiritual Mental usa la misma autoridad. Es la autoridad de la Ley cumpliéndose a sí misma.

Cualquier creencia acerca de no tener la habilidad de usar esta Ley viene de la idea errónea de que es, o nuestra fuerza de voluntad o nuestra concentración, lo que logra los resultados deseados. Esto es contrario a la Verdad. El resultado no tiene nada que ver con fuerza de voluntad o con concentración, al igual que en la ciencia física tampoco sería verdad. El físico no se concentra o usa fuerza de voluntad. Usa las leyes de la naturaleza. Su concentración es simplemente la atención que le da al uso consciente de estas leyes; no trata de hipnotizar o influenciar a nadie; tampoco fija sus pensamientos sobre las leyes de la naturaleza. Él simplemente deja que trabajen a través de los canales que ha designado.

Cambiemos esta proposición al campo de la ley mental y espiritual, y sigamos el mismo método. Existe una energía espiritual en el centro de todos y de todo. No existe resistencia material o física en esta energía, de la misma manera que no existe una resistencia a las leyes de la naturaleza. Cualquier aparente resistencia a las leyes de la naturaleza no está en las leyes, sino más bien en la manera en que las usamos. Ésta es la verdadera práctica espiritual mental, la resistencia no reside en la Ley del Ser, sino en nuestra actitud hacia ella.

El Practicante debe tener una completa convicción de que nada resiste su palabra. Sería imposible para él concebir tal resistencia. No podría llegar a esta convicción si sintiera que su pensamiento es manipulando personas o condiciones. Sólo puede llegar a esto a través de un reconocimiento de que las leyes espirituales de la naturaleza operan a través de su palabra y producen resultados definidos. Cualquiera que haya tenido fe a través de la oración, ha hecho esto, aunque raramente haya estado consciente de ello.

EJEMPLO

Porque creo en el poder de Dios y sé que la Ley del Bien opera sobre mi palabra de fe, declaro esta palabra con completo abandono, y la hablo con entusiasmo y gozo. La hablo con un profundo sentimiento de calma y paz. Sé que la Divina Inteligencia me gobierna, que mi palabra es el canal de inspiración a través del cual la Guía Divina fluye constantemente.

Yo soy completamente receptivo a esta guía, y vivo en una consciencia de gozosa expectación del bien, reconociendo que Dios alrededor, y a través de mí es el único poder que existe, operando en todo lo que hago, digo o siento. Permito que este poder me dirija hacia canales constructivos de auto expresión.

Dicho de una manera más simple, el Practicante espiritual, sin negar el cuerpo, el ambiente o el mundo físico, busca traerlos en línea con un reconocimiento de divinas realidades espirituales. Cuando dice, "Dios es toda la Presencia, el poder y la actividad que existe", no está simplemente murmurando un montón de palabras; conscientemente trae su pensamiento a través de su fe y convicción, bajo el gobierno de una armonía superior, una voluntad coordinadora, y una Presencia Divina.

Éste no es un acto de superstición, tampoco es una vana repetición de palabras o fantasías. La mente del Practicante no está dormida, sino todo lo contrario. Es más bien como despertar de un sueño a una realidad mayor. No es ni repetición vana de palabras ni es fantasear para que uno crea en la unidad de la vida debajo de todo. Es la esencia misma del pensar claro. Todo profundo pensador espiritual que ha vivido ha creído en esto. Cuando uno declara que hay un Patrón (o prototipo) Divino para este cuerpo físico, no está soñando idílicamente ni fantaseando. Simplemente trae su concepto del cuerpo bajo el gobierno de la Armonía Divina.

Si esta Divina Armonía y Unidad no existieran, no habría un universo. La metafísica es usualmente un intento persistente y tenaz de pensar correctamente. La conducta de un Practicante Espiritual Mental es pensar correctamente. Y para él, pensar correctamente quiere decir que su pensamiento debe basarse en la suposición de que existe una Voluntad coordinadora, una Presencia Espiritual, un Divino Patrón y una Intención universal a través de toda la naturaleza incluyendo al hombre.

El Practicante debe tener un sentido de lo absoluto del Principio con el que está tratando, y un sentido categórico de la autoridad de la Ley Espiritual. Cuando Jesús dijo que el conocimiento de la Verdad podía liberarnos, estaba afirmando ese Principio. "Yo Soy el que declara para ti"; lo que significa que la Verdad se proclama a sí misma. Jesús habló con la autoridad y la convicción de aquél que ha percibido más allá de la vida física, mental y psíquica, y ha visto la Verdad Espiritual de perfección que existe en el centro del ser de cada persona: el Reino de Dios que está dentro de ti.

La experiencia ha comprobado que estaba en lo correcto. Ahora sabemos que el Practicante Espiritual puede ejercer tal autoridad. Hace esto cuando clarifica su propia consciencia acerca del paciente. Su autoridad no está basada en sentir que sabe algo que otros no pueden saber, o que ha sido dotado por la Providencia con un don que les ha negado a otros. Su autoridad es la de aquél que conoce que existen leyes espirituales y mentales en el universo, de la misma manera que existen leyes físicas, y de que operan de la misma manera. Cree en estas leyes y sabe cómo usarlas.

El Practicante Espiritual Mental, no piensa que él es la salud, no más de lo que un matemático pudiera pensar de sí mismo que él es la matemática. Existe una sola fuente de salud, ésta es la Vida, Espíritu o Verdad. Existe sólo un Principio de Vida, que es la Ley de la Mente en acción; un Espíritu, que es Dios en todo.

La ley final de la vida es la ley del bien. Sólo existe un impulso supremo en el universo, este impulso es el amor. Este amor es más que un sentimiento emocional, pero debe incluir todos los sentimientos emocionales. Es la esencia pura de la Dádiva Divina.

Existe algo en el universo que se da constantemente a sí mismo, a su creación, que constantemente se ofrece a sí mismo, no como un sacrificio sino como el ofrecimiento de su esencia a todo. El Practicante debe sentir esta Dádiva Divina, este Amor Divino, como la manifestación del Espíritu a través de todo. Debe sentir la armonía de la Vida Divina, la cual, si se lo permitimos, puede dar tal poder a nuestro pensamiento que será irresistible a la ley, no a través de voluntad o concentración, sino por atención y disposición.

Las leyes más elevadas de la vida no pueden profanarse. Solamente cuando entramos en unión con el bien tendremos el poder del bien. La maldad se bloquea a sí misma, congestiona su propio esfuerzo, maldice su propia corriente, y destruye su propio propósito. El bien no puede ser bloqueado. De otra manera, el universo se destruiría a sí mismo. Nunca debemos preocuparnos acerca del uso incorrecto del poder espiritual, no existe tal cosa. El Practicante debe tener una calma que trascienda cualquier confusión que desee cambiar. Debe tener un sentido de justicia que supere cualquier manifestación de injusticia. Debemos tener un sentido del alcance inmediato del bien, no como si estuviera extendiéndose *hacia* ello, sino más bien como si estuviera extendiéndose *con* ello. A medida que su pensamiento se une a la bondad, llega a ser la ley de la bondad. El Practicante no extrae bien del mal. En el proceso de transformación el mal desparece mientras que el bien permanece.

Más y más llegaremos a ver que la práctica Espiritual Mental no es una suposición sino una proclamación. En esta práctica el Practicante se eleva de toda confusión y de todo lo que contradice la Armonía Divina. Debe vivir y pensar que es posible para él hacer esto.

Jesús dijo que el ciego no puede guiar a los ciegos. Tiene que haber un ojo que vea, una consciencia de discernimiento, y un conocimiento interno. El Practicante aplica este conocimiento interno para un propósito definido; acumula la energía y la actividad de este conocimiento con esa intención. El resultado será tan cierto como la consciencia que alcance, porque le corresponderá a esa consciencia.

Es en este sentido que Dios es la respuesta para toda necesidad humana. El Espíritu Divino es el conocedor en nosotros; la Ley Universal es el actor. El salvador es el Cristo en nosotros, sabe a través de nosotros. No existe una oposición a esto, nada compite contra ello; tampoco puede ser monopolizado. La totalidad de Dios está presente en todas partes. La posibilidad entera de la acción y reacción de la Ley está siempre al alcance. Cualquier resultado es simplemente una imagen reflejada, nunca algo en sí mismo, siempre en el campo de los efectos proyectado por causas sobre las cuales las condiciones en sí mismas no tienen control alguno. Las condiciones responden automáticamente, correspondiendo.

Estamos acostumbrados a pensar que la Palabra de Dios es la Ley de Dios. A lo que no estamos acostumbrados es a pensar acerca de nuestra propia palabra como la actividad de esta Presencia y Ley Universal. Pensamos que estamos separados de ella en vez de ser uno con ella; por lo tanto, sintamos que podemos alcanzarla y démonos cuenta de que no está lejos, sino dentro de nosotros. Vamos en busca de aquello que ya poseemos pero que no usamos.

El Practicante debe descubrir la gran Realidad dentro de sí mismo. Es su consciencia de esta Presencia lo que da poder a su palabra. El principio que usa es el de la Ley de la Mente en acción. El método para usarlo es el pensamiento consciente. Es el oficio del Practicante combinar su conocimiento interno con el uso consciente del principio para un propósito definido, ya sea para sí mismo o para otros, y por cualquier condición que requiera cambiarse. Cualquiera que practica esto, encontrará prueba de Su realidad. Sabe que está trabajando con certeza, con la Ley, el Amor y la Vida.

El Practicante habla con autoridad, pero no es una autoridad de combate, más bien es la autoridad de una convicción profundamente espiritual. El Practicante no debe sentir que su autoridad es la de la mente sobre la materia, o del bien sobre el mal, Esto sería un sentimiento de combate; sería como luchar con un adversario verdadero. Solamente cuando mira al adversario como una sombra en vez de algo real, ejerce verdaderamente su autoridad espiritual.

Cuando dice, "sé que existe sólo una Mente y un Poder, el cual es Dios. Sé que soy uno con todo el bien que existe. Estoy consciente de que se removerán las dudas, los miedos y sus manifestaciones". Habla como aquél que en quieta contemplación se dice a sí mismo: llevo una luz a un cuarto oscuro, y sé que al llevar esta luz, la habitación se iluminará".

Él no combate la oscuridad, no la trata como si fuera algo real en sí mismo. Sólo piensa que esto es una condición negativa que la luz disipará. Tal vez sería mejor decir que, "Ya existe una luz en esta habitación, pero alguien o algo ha colocado una gran sombra sobre ella. Removeré la sombra. La luz ya está allí y ahora podrá brillar". Esta sugerencia es simplemente uno de los muchos métodos por medio de los cuales un Practicante puede aclarar su consciencia.

Su palabra se declara con una quieta convicción y en una profunda confianza, con absoluta fe y seguridad. Se habla desde la consciencia de aquél que sabe que ya existe el Centro Divino, y que él simplemente lo está revelando. El Tratamiento Espiritual es la proclamación de una consciencia que uno ha acumulado o tomado para sí mismo como un resultado de mucha observación y espera. Es el resultado de una profunda comunión de su mente con el universo espiritual.

EJEMPLO

Si un Practicante hace Tratamiento para una mayor expresión de sí mismo o de alguien más, puede aclarar su propia consciencia afirmando:

La mente divina está siempre presente, siempre en paz, en calma y segura de sí misma. Está siempre creando, y lo que crea es armonioso, gozoso y siempre lo lleva a su culminación. No hay discordia en la Inteligencia Divina. Lo ve todo como completo y perfecto.

El Practicante entonces dirige su pensamiento para su paciente, y declara:

La Inteligencia Divina lo dirige, piensa y sabe a través de él. La Ley del Bien, que es la Ley de la Mente en acción, lleva todo en su vida a su culminación. Este hombre no sólo sabe qué tiene que hacer, sino que siente el impulso de hacerlo. Todo en su vida se pone bajo el control de la Ley de la Armonía. No hay demora, no hay retraso, no hay obstrucción, no hay obstáculo, nada impide el progreso de ideas correctas. La puerta a la oportunidad y la expresión completa de sí mismo siempre está abierta. Existe un incremento de conocimiento de esto en su mente y un incremento de manifestaciones en sus asuntos.

El Practicante hace dos cosas en su propia consciencia: Primero, llega a un entendimiento de la totalidad del Bien, la actividad omnipresente de la Mente Divina. Luego, declara que esta actividad fluye en los asuntos de aquél para quien está trabajando.

El caso se gana o se pierde en la consciencia del Practicante. A menos que sepa que esto es verdad limitará el efecto de las condiciones que desea cambiar con su Tratamiento. El proceso de realización toma lugar completamente dentro de su propio pensamiento. La Ley responde correspondiendo al equivalente mental de su consciencia. Su uso de la Ley es enteramente independiente de cualquier condición existente, porque todo lo hace de Sí Misma.

El hecho y el concepto son uno y lo mismo. Son la misma cosa. No los separa ninguna secuencia, tampoco los interfiere agencia externa alguna. El Practicante sabe esto. Inspirado por convicción espiritual declara su palabra confiadamente y en calma...y el resultado será tan cierto como su fe.

Está escrito que Jesús habló como alguien con autoridad. Mientras que otros se sorprendían de sus palabras, Jesús indudablemente se hubiera sorprendido más si su palabra hubiera fallado en cumplirse a sí misma. Su seguridad fue el resultado de años de trabajo paciente con él mismo hasta que finalmente su realización del Espíritu fue mayor que la creencia de otras gentes en la necesidad de ciertas condiciones.

Finalmente, todo hombre debe confiar en su propia consciencia, su conocimiento inmediato de Dios y su autoridad en la Ley. El mundo es en su mayoría supersticioso acerca de lo invisible, ha esperado a profetas, ha dependido de salvadores y de santos. Sin querer quitarle nada a la belleza de la vida de los santos, y usándolos como nobles ejemplos, debemos aún así mostrar a la gente que tienen una relación personal e inmediata con lo Invisible. Deben establecer en sí mismos tal consciencia de unidad con el bien, que ya no necesitan ir en busca de Dios.

La verdadera enseñanza libera al estudiante de su maestro... Encontrará al maestro dentro de sí mismo. Esto no lo hará arrogante o egocéntrico, más bien tendrá un profundo sentido de humildad, como debemos todos tener cuando enfrentamos la gran Realidad. Esta humildad no es desprecio de sí mismo, ésta es la humildad de aquél que es humilde ante la grandeza de todo, aunque se siente uno con ella. Sabe que Dios es infinitamente mayor que él; pero también sabe que es uno con Dios.

Debemos tener un espíritu de aventura en esto, la maravilla de ello, el continuo descubrir, el desarrollo constante, el gozo de la anticipación de más y mejor, el reconocimiento silencioso de nuestra asociación con lo invisible. Debemos tener un sentido profundo de calma y paz, una fe y confianza en el universo. Ésta es la esencia de la fe, la belleza de la religión.

Capítulo

8

CAUSA ESPIRITUAL
Y EFECTO FÍSICO

La Mente Infinita debe ser manifestada. Debe exteriorizarse a sí misma en personas, lugares y cosas. Si la Mente Infinita no fuera activa entonces sería inconsciente. Todas las cosas en el universo manifiesto son el resultado de Su actividad, y Su actividad es su propio efecto.

Al practicar la Ciencia de la Mente no negamos ni el cuerpo ni el universo físico. En vez de negar el universo físico, afirmamos que lo controla y gobierna un Principio de armonía, de Unidad y de Paz. Es necesario que la Vida se vista en la forma, de otra manera permanecería sin expresión. La creación es el resultado del conocimiento de Sí Mismo del Espíritu creativo.

La consciencia se viste de forma en la vida individual, lo mismo que en la universal.

El cuerpo físico no es una ilusión, ni tampoco es irreal, sino que es un efecto contenido dentro de algo que lo proyecta y gobierna. Está sujeto a esta inteligencia más elevada. Nunca negamos el cuerpo físico o sus órganos. Afirmamos que el cuerpo es una idea espiritual, que cada órgano, acción y función debe tener un prototipo espiritual o equivalente mental detrás o adentro de sí mismo. El Practicante afirma que el cuerpo es espiritual aquí y ahora, un cuerpo de ideas correctas, armoniosamente conectadas una con la otra, que funciona de acuerdo a un ritmo natural y a una armonía.

Nosotros no creamos un cuerpo espiritual, simplemente nos damos cuenta de que debe existir uno, nos enfocamos en este entendimiento para alcanzar un propósito definido, la reacción a este pensamiento permitirá un fluir más completo de la vida espiritual. El Practicante trabaja en el campo de las causas. El resultado de su trabajo se proyecta en el campo de los efectos. El efecto será siempre igual a su causa. Nunca puede ser más, menos o diferente. Los pensamientos son cosas y las situaciones objetivas son la Ley de la Vida experimentando su propia plenitud. Toda acción es la acción del Espíritu dentro y sobre sí mismo. No hay nada que pueda retardar esta acción.

En la medida tal que uno es capaz de sentir esto, habrá removido los obstáculos que impiden el verdadero funcionamiento del órgano. No ha tenido que crear un órgano, ni tampoco su actividad. Tendrá un sentido más claro de que su acción está en armonía con el ritmo del universo.

Es un error suponer que debemos separar la acción física de la idea espiritual. Al contrario. Buscamos unificar lo objetivo con su subjetivo, dándonos cuenta siempre que la realidad espiritual está presente y activa, aquí y ahora. Esto es la verdad de todo, desde una hoja de pasto hasta un sistema solar, desde el movimiento de las mareas al movimiento del pensamiento en nuestra consciencia. Todo lo que es, es una manifestación de la Vida única, la cual está siempre en armonioso acuerdo con Su propia naturaleza. Existe una sola Causa. Es inmediata en Su manifestación dentro, y a través de todo. El Espíritu es la actividad de todo, no separado o aparte de Su manifestación, sino en ella.

Cuando hay algo equivocado, es el trabajo del Practicante cambiarlo, usa la condición como una señal o una guía en el sentido de que no importa cuán negativa sea la situación, sabe es siempre una verdad mal interpretada. La ilusión no está en las condiciones o en las cosas en sí mismas, sino en la manera en que las interpretamos.

Lo que niega el Practicante no es la actividad sino la acción equivocada. Por ejemplo, cuando piensa en el cuerpo sabe que cada órgano, acción y función debe tener un equivalente espiritual o *realidad* de su naturaleza. No decimos que no hay hígado, sino decimos que el hígado es una idea espiritual. La actividad de esta idea está presente donde percibimos o experimentamos el hígado físico. Es la congestión, el estancamiento o la inactividad lo que consideramos falso. Es una experiencia, pero una equivocada.

Al hacer esto no proclamamos que hay un hígado verdadero y uno falso. Desde el punto de vista de una filosofía idealista, existe una idea universal de cada órgano. Esta idea universal es individual para cada persona. Esto es algo muy abstracto, la lógica de esto podemos apenas discernir; su significado completo rara vez lo percibiremos... y muy vagamente.

Ya en la práctica permitimos que la lógica o la razón nos lleve tan lejos como pueda llevarnos, y entonces saltamos valientemente al océano de nuestro propio ser. Hay una intuición dentro de nosotros que siempre respalda tanta razón como poseamos. Cuando afirmamos en nuestro Tratamiento que existe una Idea Divina que está siempre activa, no pensamos en una actividad externa, sino en una interna. Nada puede separar la actividad del Espíritu de un órgano porque los dos son uno y lo mismo.

El Practicante se da cuenta de que existe un sólo Espíritu o una Esencia de Vida en el universo; que cada manifestación es una forma de su fuente original y esta fuente está centrada dentro de sí misma, al igual que está al centro de todo lo demás. Procede sobre la base de que la Mente en su estado sin forma y con forma, son idénticas; lo cual quiere decir que la materia es Mente en forma. Deriva su ser enteramente de un principio invisible que está presente universalmente, que en su estado original impregna y penetra todo. Al operar la inteligencia sobre este Principio mental se produce la forma. La forma siempre corresponde a la idea que sostiene la inteligencia.

EJEMPLO

Sé que hay una sola Mente, esa Mente es Dios y esa Mente es mi mente, así también, hay un sólo Cuerpo, ese Cuerpo es espiritual y ese Cuerpo es mi Cuerpo. Cada órgano, cada función, cada acción y reacción de mi cuerpo está en armonía con la creatividad divina del Espíritu. Tengo ambos "La mente de Cristo" y el Cuerpo de Dios".

Vivo en esta Mente única que actúa a través del Cuerpo único, de acuerdo a la divina armonía, perfección y equilibrio. Cada órgano de mi cuerpo se mueve de acuerdo a esta armonía perfecta. Lo Divino circula a través de mí, automáticamente, espontáneamente y perfectamente. Cada átomo de mi ser es animado por la Perfección Divina.

Mi cuerpo, y cada una de sus partes, están hechos de una sustancia pura, Dios. No puede deteriorarse. En este momento esta sustancia infinita en mí, que está constantemente fluyendo a través de mí, toma forma en células perfectas, enteras y completas. Mi cuerpo (Espíritu en forma), no sabe de tiempo, desconoce grado; solamente sabe expresarse plenamente e instantáneamente. La Vida perfecta de Dios se expresa ahora a través de mí, y cada parte de mi cuerpo expresa su innata perfección e integridad.

Acompañando a su técnica, el Practicante debe tener una fe positiva, una convicción, y una completa aceptación del universo espiritual y del hombre espiritual, aquí y ahora. No importa cuál sea la evidencia de lo contrario, el Practicante no puede permitirse juzgar de acuerdo a las apariencias.

Las herramientas con las cuales el Practicante trabaja son: el entendimiento de la verdad de que el hombre es un ser tan espiritual ahora como siempre ha sido y será; que el Reino de Dios es un hecho ya logrado; que las leyes espirituales de la vida funcionan automáticamente; y que la verdad se nos da de acuerdo a nuestra creencia. El Practicante silenciosamente medita sobre el bien, la paz, el gozo y la plenitud de la vida, y se identifica a sí mismo y a su paciente con esa Vida que es siempre perfecta.

El Espíritu puro está al centro de cada órgano, acción y función del ser humano. No se le va a dar al hombre a través de nuestras afirmaciones; es más bien revelada por ellas. No tratamos de crear una verdad o un principio, sino que nos empeñamos en percibir una verdad. Usamos un principio el cual automáticamente reacciona a nosotros en forma correspondiente a nuestras actitudes mentales. Esto afirmó Jesús cuando dijo, Se hará según tu creencia.

Ya que la Ciencia de la Mente actúa para nosotros correspondiendo a nuestras actitudes mentales, se deduce que la acción y la reacción son automáticas e iguales. Todo lo que existe, es un resultado de la Ley universal que actúa y responde sobre sí misma. El Practicante nunca siente que algo se opone a su trabajo. Sino que se empeña en mantener su propia consciencia en línea con la vida; por lo tanto, su análisis, aunque éste sea una negación, resulta en un reconocimiento consciente del exacto opuesto, que es la verdadera declaración acerca de la situación.

Al aplicar este principio a la sanación de la enfermedad, el Practicante asume que la salud es parte de la Realidad eterna. El hombre espiritual no tiene enfermedades. El hombre espiritual representa las ideas puras que siempre están en operación. Y éste es el hombre espiritual de quien él habla. No hay confusión, infección o acción incorrecta en las ideas espirituales. Las ideas puras no pueden ser hiperactivas, inactivas o superactivas. La acción de la Verdad es continua, vital, armoniosa y perfecta.

El Practicante declara que ésta es la verdad acerca de su paciente y sigue su declaración con toda la realización espiritual de que es capaz, un sentimiento dentro de él dice "Sí" a todo lo que su intelecto afirma. Las palabras que usa en el Tratamiento y los pensamientos que emplea, son una afirmación de su entendimiento interior, de la consciencia espiritual que tiene el Practicante. Son métodos por medio de los cuales establece su convicción en un momento en particular.

Hay un sentimiento dentro de todos que responde a esto y que ha sido implantado por la Mente Divina. El hecho de que existimos es suficiente prueba o demostración de esta aserción. Nosotros no creamos nuestro propio ser. El hombre tiene una existencia espiritual y porque esto es verdad, queda siempre un eco de su naturaleza espiritual en su intelecto.

Ya que el Practicante cree que el Espíritu está al centro de todo, no puede poner una línea entre lo que puede y no puede ser corregido a través del trabajo mental—espiritual. En lo que concierne a la psicología moderna, siempre está llevando la línea hacia atrás, en cualquier forma, y lleva más y más condiciones físicas al campo de causas emocionales. El metafísico simplemente recorre todo el camino, anuncia que Dios es todo lo que es, que las leyes del universo deben ser necesariamente armoniosas, y que debe existir un cuerpo espiritual, lo entendamos o no.

El Practicante espiritual resuelve teóricamente todo en su mente, siente que en forma invisible o líquida no es diferente de la mente en su estado visible de forma sólida; que las dos son idénticas, y que cuando se cambia la sucesión de pensamientos acerca de una condición, ésta, necesariamente cambia. El Practicante traslada los efectos materiales a sus equivalentes espirituales correspondientes y los mantiene en su correspondiente espiritual hasta que el efecto material discordante se transforme en algo más de acuerdo con la Naturaleza Divina.

Capítulo

9

LA ACTIVIDAD
DE IDEAS CORRECTAS

Si lo que Dios sabe, Él lo sabe para siempre, ¿podría deducirse entonces, que la actividad humana, que es la Mente Divina *pensando* y *sabiendo* a través de lo humano, debe necesariamente ser permanente? La respuesta parece ser que no podemos limitar al Infinito, diciendo que Él debe hacer ciertas cosas de cierta manera por siempre. Mientras que es verdad que la naturaleza de lo Infinito no puede cambiar, parece igualmente cierto que su actividad nunca puede dejar de cambiar, y cada nuevo cambio siempre está de acuerdo con la armonía fundamental de su propio Ser.

"Advierte, Yo hago nuevas todas las cosas". No hay nada permanente excepto el cambio. Y la Inteligencia Infinita nunca puede aferrarse a nada de lo que hace. Lo que hace expresa su Ser en ese momento en particular. Mañana podría hacerlo de una manera enteramente diferente, pero siempre en concordancia con su armonía fundamental.

Es necesario que veamos que unidad no quiere decir uniformidad, y que la naturaleza incambiable de la Mente original de ninguna manera impone una acción monótona sobre ella. Cada momento es una expresión fresca, nueva y espontánea, y debe ser considerada así. Por lo tanto, debemos siempre trabajar por nuevas ideas y ellas siempre llegarán.

Cuando uno concibe una nueva idea, lo que está haciendo es especializar la Ley de causa y efecto para propósitos definidos y específicos ya implícitos en la idea. El Practicante especializa una Ley, no la crea. La Ley mental de causa y efecto, como todas las otras leyes de la naturaleza, es neutral e impersonal, una fuerza creativa siempre operando mecánica y matemáticamente, siempre donde estamos y siempre dispuesta y deseosa a respondernos. La Inteligencia que opera a través de esta Ley la pone en movimiento para propósitos creativos.

Usamos esta Ley todo el tiempo, estemos o no conscientes de este hecho, y siempre está respondiéndonos. Cuando miramos a nuestro alrededor y vemos muchas cosas que no son deseables, en vez de pensar acerca de ellas como condiciones impuestas por el destino, debemos reconocerlas como una sucesión ordenada de la Ley de causa y efecto, que sigue una secuencia lógica hacia una forma definida.

Debemos saber que el impulso en esta Ley pudo ser consciente o inconsciente y, podemos suponer que fue mayormente inconsciente, causado por nuestro propio pensamiento o el pensamiento del mundo. La Ley de la Mente no puede moverse a menos que las ideas la impulsen, y las cosas no pueden ser proyectadas a no ser que la Ley las proyecte. El gran orden cósmico del universo, que el hombre no creó, es una manifestación exterior del pensamiento de Dios. Ahí es donde contemplamos la Meditación de

Dios, el Cuerpo de Dios; Dios viéndose a sí mismo en lo que Él hace.

¿Qué relación tiene la inteligencia universal con las actividades individuales? ¿Cuál es la relación entre el Espíritu y los asuntos humanos o su profesión? La Mente Divina que es la única agencia creativa en el universo, encuentra en cada individuo un punto de salida nuevo y fresco para Su acción.

Es a esta conclusión a la que han llegado los más profundos pensadores de todos los tiempos. Lo cual de ninguna manera limita la Infinitud de la Mente. Definitivamente demuestra que en el Infinito no existe ni grande ni pequeño. Es la causa de toda acción lo que llamamos grande o pequeño. Cada cosa es para la Mente una acción individual de sí misma; por lo tanto, todo el poder, la Presencia, actividad y ley que hay, respaldan cada acto individual.

Cuando uno escribe, es la Mente universal llamando a Su propia creatividad para proyectar una idea de su propia imaginación. Emerson dijo que la historia sólo puede entenderse si la vemos como la actividad de la Mente Universal en este planeta a través de un período de tiempo perceptible. Escribir una novela es tanto una actividad de esta Mente como la creación de un planeta.

La manera de trabajar para un autor es saber que la Divina Inteligencia está operando a través de su consciencia. La Mente de Dios está escribiendo esta novela. El autor a través del cual la Mente de Dios está trabajando, puede sacar de Ella caracteres ilimitados. Cuando la Inteligencia Divina demanda de sí mismo, la respuesta a la demanda llega en los mismos términos que ésta se hizo. Por lo tanto, cuando el escritor se hace una demanda a sí mismo, la Mente Divina está esperando Su propia respuesta.

Cuando aplicamos este mismo principio para un autor que tiene dificultad en encontrar la trama para la obra que está escribiendo, o que parece que le faltan los caracteres correctos, o no sabe qué hacer con los que tiene, debemos saber para él, que la Mente Divina nunca puede estar confundida, y que no existe bloqueo entre la demanda que se le hace y Su flujo, a través de la consciencia del individuo para quien se hace el trabajo.

El Practicante clarifica su propio pensamiento hasta que sabe que toda la imaginación creativa del universo ahora fluye a través de la consciencia de este autor, que está operando inteligentemente, instantáneamente, y sin ningún esfuerzo. Contiene todo personaje que alguna vez haya sido creado, y lo que todo personaje debería hacer o ser bajo cualquier circunstancia. La Mente ya lo sabe. La consciencia del autor es esta Mente en acción, no hay nada que pueda obstruir su paso. Palabras, pensamientos y acciones se formulan y fluyen sin ningún esfuerzo a través de la consciencia del autor. Cuando hace esto, la originalidad sigue, y no será necesario imitar a nadie.

Originalidad quiere decir exactamente lo que la palabra significa, algo único, diferente. Algo diferente a cualquier otra cosa que jamás se haya creado o se creará, el Pensador original está pensando una nueva manifestación. Ésa es la manera en que el Practicante piensa acerca de la persona para quien hace su trabajo... y de acuerdo a la claridad de su pensamiento se recibirá una demostración.

Ese mismo principio puede ser usado en el manejo de un negocio, una profesión o cualquier otra actividad que podamos estar haciendo. No hay difícil o fácil, no hay grande ni pequeño. El universo entero es una Mente infinita que se conoce sí misma, lo que es y se manifiesta en infinitas variedades.

EJEMPLO

Sé que (_____ nombre) es una actividad de la Mente Infinita quien sabe qué hacer bajo cualquier circunstancia; por lo tanto, (_____ nombre) sabe qué hacer. Lo sabe dentro de sí mismo ahora, en este momento. Su negocio es la actividad de esta Mente en sus actividades personales, y en este mismo momento en particular.

Sé que el Espíritu va delante de él haciendo claro su camino. Todo lo que hace prospera por que está en sociedad con el Infinito. Es su deseo que sólo el bien salga de él; por lo tanto, tiene derecho a esperar que sólo el bien le regrese. Ahora vive bajo un gobierno de Bien y es guiado por el Espíritu de Dios. Esto afirmo. Esto sé. Esto declaro.

Una consciencia activa demuestra un entendimiento espiritual. Esto no quiere decir que el Practicante asuma la responsabilidad por la sanación, su única responsabilidad es hacer su trabajo diligentemente, sinceramente y con una profunda convicción. La actividad de su consciencia es saber la verdad espiritual de su paciente. A través de sus experiencias ha aprendido que la Ley de la Vida le responde correspondiendo a sus actitudes mentales. La responsabilidad de la sanación está en el principio que usa. Pertenece al Practicante la obligación de usar el principio inteligentemente.

El Practicante está alerta mentalmente para detectar cualquier cosa que necesite ser borrada, y contemplar activamente su opuesto, o la verdad que se desea ver manifestada. Por ejemplo, si está haciendo un Tratamiento por alguien que necesita actividad en sus negocios, específicamente reconoce y definitivamente afirma que la actividad del Bien ahora rodea a la persona o a la condición por la cual se trabaja. Lleva su consciencia a la actividad que necesita manifestarse en un problema específico. El problema será resuelto cuando la condición pasa de la inacción a la acción.

Suponte que alguien llega a un Practicante y le dice: "no sé qué hacer, tengo tantas cosas de las que puedo escoger, pero ninguna se define". El Practicante debe trabajar para saber que la actividad de la Inteligencia en este momento fluye a través de la mente de esta persona y hace que tome las decisiones correctas. Automáticamente se aclarará la confusión. Tomará decisiones definidas y actuará sobre ellas.

En el caso de alguien que siente que ha perdido muchas oportunidades previas y por lo tanto es un fracasado, el Practicante debe afirmar:

Ningún fracaso puede operar a través de la mente de esta persona, (_____nombre) está abierto al flujo de nuevas ideas, nuevos pensamientos y nuevas oportunidades. Ahora reconoce e inteligentemente actúa sobre las oportunidades que se le presentan. Se expulsa de su mente todo pensamiento de no ser amado o de temor, todo pensamiento de inseguridad o de duda. Su memoria regresa a Dios en quien vive, se mueve, y tiene su ser.

Sé que su consciencia y su imaginación son estimuladas continuamente por nuevas ideas, y que ahora basa su acción en estas ideas de una manera constructiva e inteligente.

No hay sentimiento alguno de esfuerzo en esto… una sensación completa de alegría, paz y certeza lo inundan con luz. Ahora tiene confianza en sí mismo porque confía en Dios. Está seguro de sí mismo, porque su seguridad está en Dios.

Todo Tratamiento está basado en el concepto de que la naturaleza de Dios es ilimitada; y en el constante fluir del Bien para ti y para todos. El Practicante no trata de hacer que algo suceda, sino más bien se da cuenta que algo está sucediendo. Formula sus afirmaciones como si las palabras fueran cosas reales que están tomando la forma que se desea.

Un Practicante no necesita saber los detalles específicos de la acción que va a tomar lugar. Pero se requiere que crea que sí tomará lugar. Si el Practicante siente que su paciente no tiene mucha fe o confianza, debe hacer un Tratamiento para que tenga fe y confianza. Si siente que su paciente titubea y no se decide, hace un Tratamiento para que el paciente sepa qué hacer y cómo actuar sobre este conocimiento.

Una manera de decir esto es que el Practicante *facilita* que el Poder pase a la persona que está asistiendo. La persona que está siendo asistida automáticamente distribuye ese poder a través de los canales de su propia consciencia.

Esto explica por qué aunque parezca que el Practicante da el mismo Tratamiento por la misma actividad en cada caso, el resultado será diferente para cada persona. Si diez personas vienen a un Practicante pidiendo acción correcta en sus asuntos, cada uno será diferente. Cada uno será individual. Podríamos decir que el Practicante derrama una sustancia moldeable sobre todas las necesidades. Llena la necesidad de cada uno y fluye de nuevo por sí misma. No se pierde nada de esta energía, porque cada una de estas diez personas ha traído su propio recipiente y cada una se llevará consigo lo que su propio recipiente pueda contener.

Si el recipiente no abarca lo suficiente, el Practicante debe hacer un Tratamiento para incrementar la consciencia de abastecimiento, de actividad, de alegría, o de lo que sea necesario. De esta manera la expectación mental y la aceptación del paciente son incrementadas. Su recipiente recibirá más y podrá sacar más del Bien universal. Podemos crear recipientes más grandes, pero nosotros no podemos hacer que la ley se haga más grande. Para la Ley no hay algo ni muy grande ni muy pequeño, sabe cómo hacerlo todo. Ya que existe tal Ley y ya que siempre la estamos usando, todos recibimos de la vida un objetivo equivalente a nuestras actitudes mentales internas. Si deseamos más, debemos incrementar nuestra expectación, debemos identificarnos con más. La Ley siendo absoluta, puede producir aquello que nosotros llamamos "grande", tan fácilmente como a lo que llamamos algo "pequeño". La mente es un espejo que automáticamente refleja nuestras imágenes de pensamiento de la manera que las presentamos, sean éstas buenas, malas o indiferentes; grandes, medianas o pequeñas.

Capítulo

10

EFECTO
DEL PENSAMIENTO
DE LA RAZA

(O Inconsciente Colectivo)

La Ley de la Mente sólo puede conocer al individuo de la manera que el individuo se conoce a sí mismo; porque de otra manera ésta no sería una Ley, sería una persona. En lo que el Practicante debe confiar es en la impersonalidad de la Ley. Pero también tenemos que entender que el subconsciente del individuo sabe o cree acerca de sí mismo mucho que contradice su verdadera naturaleza espiritual.

La experiencia colectiva de la raza humana reside en el subconsciente de todos y opera a través de todos hasta que un canal se despeja a la Presencia espiritual (la cual nunca es afectada por el *inconsciente colectivo*). Aunque la perfección reside al centro de absolutamente todo, con el pasar del tiempo adquirimos un sentimiento de enfermedad y discordia, que ha sido transmitido de una persona a otra, y depositado en el inconsciente colectivo.

Desde este antecedente, y a través de la sugestión inconsciente, pasa a la vida del individuo e hipnotiza a todo el mundo, desde la cuna hasta la tumba. La misión del Practicante es liberar al pensamiento de la esclavitud de esta sugestión de la raza.

Al asumir esto no nos apartamos de lo que es razonable. El subconsciente del individuo y sus reacciones inconscientes a la vida son extraídos mayormente de la suma total de la experiencia humana. Las reacciones subjetivas de un individuo son el resultado de la suma de su experiencia personal, más la experiencia colectiva, más el impacto de la Mente Universal sobre la consciencia de absolutamente todo.

Parece haber un conflicto entre la urgencia de creatividad original, su deseo de expresión propia, y la acción represiva que se le ha impuesto. La Biblia se refiere a esto como la lucha de la carne contra el Espíritu. También dice que el Espíritu finalmente triunfará sobre la carne, y la Verdad finalmente triunfará sobre el error.

A este pensamiento colectivo se le ha llamado *la mente mortal,* la mente humana, la mente carnal, la sugestión de la raza, o el inconsciente colectivo. No debemos confundirnos con estos términos, sino aprender a simplificar su significado y aprender a acercarnos de la manera más directa a este significado.

Si tomamos todos estos hechos como verdaderos, llegamos a la conclusión de que la experiencia colectiva de la raza humana ha creado un campo colectivo de pensamiento y creencia que busca operar a través de todo. Agreguemos otra idea ya aceptada por la mayoría de los que trabajan en este campo: que los patrones de pensamientos mórbidos tienen una tendencia a repetirse monótonamente una y otra vez, a través de la vida. Esto es cierto tanto de los patrones del pensamiento colectivo como de los individuales.

No importa que este pensamiento colectivo nos haga creer que los errores de nuestros antepasados recaen sobre nosotros, o que debido a nacimientos previos creamos que estamos atados por siempre a la ley del Karma, ambas ideas son igualmente erróneas. Cuando Jesús sanó a cierto hombre que había nacido ciego, probó que ambas proposiciones no eran eternas verdades.

(Nota del traductor: Los errores de pensamiento de nuestros antepasados y La ley del Karma sólo nos atan hasta que re-pensamos y elegimos nuevas pautas; entonces, nos liberamos de ellos.)

Porque cada uno es un individuo y no puede esperar hasta que el inconsciente colectivo de la raza entera se aclare, cada quien debe romper las barreras que lo atan a las creencias de la raza. Al hacer esto, no solamente se sanará a sí mismo del efecto hipnótico, sino que también contribuirá a la redención final de toda la raza humana.

Es por eso que empezamos con la propuesta de que el mal, cualquiera que sea su naturaleza, o cualquier cosa que contradiga la supremacía del bien, del poder del amor, y de la disponibilidad inmediata de Dios, son barreras en nuestra consciencia y deben removerse. El mal no pertenece a nadie, es simplemente la herencia de las eras que han creído muchas personas a través de tantos años, que ha parecido verdadero.

El Practicante sabe que existe sólo una Ley de la Mente en acción. Cuando está tratando a un paciente y es confrontado con la discordia o la desarmonía, simplemente lo considera como una fuerza negativa de pensamiento operando a través del paciente, que no le pertenece, y que no es parte de su naturaleza espiritual. Que está operando a través de una reacción subconsciente de toda la raza. Es una sugestión falsa que actúa como si fuera una verdad. El Practicante remueve esta sugestión contradiciéndola, negándola, y realizando su opuesto.

Por ejemplo, la verdad acerca del odio es el amor, el odio es simplemente una declaración negativa del amor. Para el Practicante el odio no es una ley, no es una persona, no es un lugar, no es una cosa; es un estado de consciencia que ha encontrado su entrada en la mente del paciente. El amor consume al odio con su presencia, de la misma manera que la luz supera la oscuridad. El amor es la declaración positiva acerca del odio, el odio es una negación del amor, y su negación no está fundada en ninguna realidad básica. El Practicante separa la creencia del creyente.

Aun en la práctica psicológica se sostiene esto como una verdad, porque todos los que trabajan en este campo saben que deben separar la neurosis del neurótico. ¿Podrían hacer esto si no asumieran que la persona no está sujeta a la neurosis o al *falso reclamo,* como posiblemente lo llamarían? ¡No podrían!

La proposición es igual a la que se acepta para el plano de la física cuando afirmamos que la forma de alumbrar un cuarto oscuro es introduciendo una luz. Si la oscuridad tuviera poder sobre la luz, si fuera algo más que una condición, entonces podría rehusar dejar su lugar. Podría, si fuera una entidad, decir por ejemplo, "Yo soy oscuridad y persisto en quedarme como oscuridad. Conozco sólo oscuridad. Creo sólo en oscuridad. Esto es lo que soy y así permaneceré. Nada puede resistirme". Pero la oscuridad no puede hacer esto, porque es una condición instantáneamente disipada al grado en que se introduce luz.

En la práctica Espiritual Mental uno se acostumbra a la idea de que pensamientos y condiciones negativas no son entidades. Son disturbios temporales en la mente. Se sujetan a la mente del individuo sólo al grado en que haya algo en su consciencia que insospechadamente los mantiene ahí. Todo este proceso toma lugar en el campo que llamamos subconsciente o subjetivo, y es probablemente desconocido, ignorado, y que pasa desapercibido por el pensamiento consciente de aquél a quien afecta.

El Practicante sabe que una condición negativa no puede oponer resistencia a la verdad, de la misma manera que la oscuridad no puede resistir la luz. El Practicante no combate las condiciones negativas. Practica la no-resistencia porque sabe que la discordia no tiene realidad en lo absoluto desde el punto de vista del Espíritu, ya que la discordia es simplemente una declaración negativa de la verdad.

Ya sea que escojamos llamar a esto un patrón de pensamiento, una creencia falsa o un error escondido, no importa en lo absoluto. Estos son simplemente términos diferentes que usamos para describir la condición actual. Los patrones de pensamientos negativos se adhieren a la gente como resultado de una de sus previas experiencias, o mayormente, como creemos, por la experiencia colectiva de la raza humana.

Es de esta manera que el Practicante de este campo resuelve todo tipo de negación en actitudes mentales, que entiende que la negación mental y su experiencia son idénticas, no son dos cosas separadas. El Practicante mira el pensamiento y *la cosa* como algo idéntico. Es sólo basado en esto que puede cambiar la cosa revirtiendo el pensamiento. Ya que el pensamiento y la condición son uno, cuando el pensamiento cambia la condición automáticamente desaparece.

El Practicante en ciencia espiritual separa la creencia del creyente, de la misma manera que el psicólogo separa la neurosis del neurótico. El Practicante cambia el patrón de pensamiento, de la misma manera que un psicólogo resuelve el conflicto. Si tiene éxito, el resultado es más o menos idéntico, con la gran excepción de que en la práctica espiritual mental separar la creencia del creyente tiene menos importancia que la identificación del individuo con el centro y la fuente de su ser, lo cual es Espíritu puro.

EJEMPLO

Dejo ir de mi mente todo pensamiento de miedo. Hago a un lado el peso de cargar toda la responsabilidad por mi vida o por la de otros. Dejo de lado todo conflicto, buscando mirar a través de él, más allá de él, y sobre él, para separarlo del campo de la Realidad, para separarlo de cualquier creencia de que me pertenezca o a alguien más, sin importar lo que el problema parezca ser de momento.

Entonces el Practicante dirige su pensamiento hacia su paciente:

Sé que esta persona ahora se da cuenta que el miedo es una mentira, un fraude, ya que contradice la Divina Presencia, repudia al Amor Ilimitado, niega la infinitud del Bien. Está consciente de que este miedo no es ni persona, ni lugar, ni cosa, es simplemente un impostor en el que ha creído.

Hoy rechaza todo miedo. Él renuncia a su creencia en la maldad, entra en una unión consciente con el Espíritu, y acepta el bien como supremo, positivo y absoluto.

Sé que toda condición negativa del pasado se aclara ahora en su consciencia. (_____) ya no piensa en ella, ni la ve, o cree en ella. Tampoco cree que esto tenga algún efecto en su experiencia. Entra gozoso a las actividades de su día; recuerda los sucesos de ayer sin lamentaciones, y mira hacia el mañana con gran confianza, porque hoy su corazón está libre de miedo.

Ahora permite que la Integridad Divina fluya a través de él, que amplíe los campos de su actividad. Todo bien que (_____) ha experimentado hasta ahora, se incrementa diez veces. Todo gozo que ha experimentado se multiplica ahora, hay un nuevo influjo de inspiración en su pensamiento, está consciente de que su derecho divino es la libertad, el gozo y el bien eterno. La Divina Presencia se manifiesta en él en amor y amistad, paz y gozo, hoy y siempre.

Debemos saber que la consciencia del bien actúa como una ley de acción correcta. A medida que la consciencia del bien aumenta, produce nuevas y mejores circunstancias en nuestro ambiente. El pensamiento humano no es inerte, no hay morbosidad en la consciencia de la raza y tampoco tiene una sugestión hipnótica. Nadie tiene la necesidad de estar atado a la limitación que la experiencia humana ha fijado. Ésta es siempre falsa. Cada nuevo horizonte provee un nuevo punto de partida. El progreso es eterno y el desarrollo es para siempre.

Como estamos tratando con un potencial infinito, sus posibilidades deben ser ilimitadas. Siempre debemos estar alertas a reconocer esto. Desde el punto de vista de la Mente Infinita, cada día es un nuevo comienzo, el mundo se renueva cada día. Estamos frente al umbral de posibilidades ilimitadas y de oportunidades infinitas para nuestra expresión. Toda puerta está abierta, nada está escondido o prohibido.

Si alguna vez nos llega la idea de que *esto es demasiado bueno para ser verdad, que ya hemos llegado al límite que podemos llegar,* debemos tratar esa idea simplemente como una indolencia del pensamiento humano. El Practicante debe reconocer que este argumento es falso. Que es *nada pretendiendo ser algo;* una mentira que pretende ser la verdad. Es resultado de un hábito, de pautas de pensamientos que no se han disuelto todavía. Si los dejamos así, se repetirán a través de nuestras vidas con una regularidad monótona.

Por otro lado, si aceptamos la posibilidad de que nuestra demostración se realice basada en algo que ya ha pasado antes, ya sea a causa de una experiencia colectiva o individual, limitaremos el poder de nuestra palabra a las condiciones impuestas por el consenso de creencias humanas, que opera por ahora como una ley de nuestra experiencia individual.

Ésta es un área donde podemos probar que la apatía de los patrones de pensamiento humano que busca eternamente recrear experiencias anteriores, son sólo sombras de mayores posibilidades, que en vez de recrear eternamente experiencias previas, pueden crear nuevas experiencias con igual poder. Si aceptamos que sólo podemos llegar hasta cierto punto y no más lejos, limitamos lo ilimitable a nuestros conceptos personales; o mejor dicho, limitamos nuestro uso de ello a los patrones de pensamiento que hemos aceptado. Son estos los patrones de pensamiento que debemos disolver.

Hemos creado ciertas leyes de limitación, o han sido creadas para nosotros por el inconsciente colectivo de la raza humana;

y, a no ser que las mantengamos en un estado fluido de consciencia, éstas pueden fácilmente obstruir nuestro progreso. Al mantenerlas en un estado fluido en nuestra consciencia, causamos que fluyan hacia afuera tan fácilmente como fluyeron hacia adentro.

No hay otra resistencia a los patrones de pensamiento en sí que la resistencia al inconsciente colectivo de la raza humana; por lo tanto, aun esta resistencia es mental. Nunca es física, ni espiritual; siempre es mental. Si la obstrucción está en la consciencia, podemos removerla a través de un pensamiento consciente. Si fuera algo real, no podríamos hacer nada.

El Practicante sabe que toda obstrucción son consciencias operando como una ley temporal. Al revertir estos estados de consciencia se limpia el campo mental, lo que permite que la Creatividad Divina fluya fresca y nueva, porque Ella ignora obstrucciones, obstáculos o condiciones, sólo sabe de Sí Misma, y este conocimiento automáticamente crea la ley de su acción.

En nuestra práctica toda nuestra propuesta es, si es que podemos ver o no a través del campo de la obstrucción a lo no obstruido. Ése es el motivo por lo que Jesús dijo que no juzguemos de acuerdo a la apariencia. Él no dijo que las apariencias eran falsas. Lo que Jesús insinuó es que no nos dejemos hipnotizar por ellas. Las negaciones mentales remueven estas obstrucciones y cambian la fuerza del pensamiento que las crea, transmutándolas en algo diferente. Las afirmaciones mentales reajustan la consciencia a un nuevo influjo de Vida, mientras que la realización espiritual abre las puertas de la represa de la consciencia, y deja pasar aquello que sabe sólo de gozo y de su propia expresión.

Si estás trabajando para alguien que necesita reorganizar su vida, su negocio o su profesión, tu labor es entender que nada del pasado puede obstruir el camino; nada que el inconsciente colectivo de la raza humana haya creído jamás, puede suprimir su acción; nada que toda la gente en conjunto haya podido experimentar antes, puede en forma alguna retardar el flujo de la Mente original a través de su consciencia.

A través de tales afirmaciones, remueves las obstrucciones y liberas su consciencia a una nueva creatividad, a una nueva fe y una nueva esperanza que llegan a él y le dan un nuevo entusiasmo por vivir. Removidas las obstrucciones, declaras que nuevas ideas fluyen a través de él, que está impulsado a ver, entender, aceptar y actuar sobre ellas. Decretas que todo en este hombre debe prosperar, porque el negocio de Dios es siempre próspero, siempre bueno, y está siempre divinamente organizado y armoniosamente ejecutado.

La experiencia acostumbrará al Practicante a aceptar que las afirmaciones positivas aclaran la consciencia de creencias negativas que lo han puesto a dormir, que lo han hipnotizado al aceptar lo que dicta la apatía de los patrones habituales de pensamiento que siempre buscan perpetuarse a sí mismos. Jesús les dijo: Duerman y descansen. Voy al huerto para poder estar a solas con la Causa original. Entrego toda resistencia a este evento divino. Resucito mi consciencia. Me elevo por encima de este hipnotismo.

Algún día estaremos impulsados a hacer esto. Todo hombre debe entrar en el huerto de su propia alma, elevar su consciencia a la Naturaleza Divina, encontrarse a sí mismo resucitando a una nueva vida y una nueva luz. En la práctica hacemos esto cada vez que damos un Tratamiento. ¿Cómo podríamos hacer esto si es que creyéramos que el mal, la escasez, el miedo u otras negaciones, son leyes por sí mismas?... ¡no podríamos!

Capítulo

PATRONES SUBJETIVOS DE PENSAMIENTO

Jesús le dijo a sus seguidores que cuando orasen debían creer que sus oraciones ya estaban contestadas. Ésta es una declaración velada del significado de la Ley de Causa y Efecto. Esta Ley opera en nuestras creencias tal como las creemos, no como quisiéramos que fueran, sino como son en este momento. Si uno tiene un entendimiento claro del poder espiritual, no importa qué tan contraria parezca la apariencia, puede uno calmadamente declarar su creencia como una realidad ya presente.

Supongamos que en teoría pudiéramos llegar a esta conclusión: Que el hombre nace del Espíritu puro por medio de padres humanos. Ésta es la manera que la Divina Inteligencia funciona.

Como todo lo demás que la naturaleza ha creado, estamos precisados a aceptar los hechos y seguir adelante.

El hombre ha sido dotado con una mente creativa, ya sea que lo sepa o no. Su incredulidad o creencia de ese hecho no tiene absolutamente nada que ver con ello. A pesar de que nace en un estado de perfección espiritual porque tiene una mente creativa, y porque es un ser individual, puede elegir pensar independientemente de la armonía fundamental del universo. Y como su pensamiento es creativo, siempre tiene la tendencia a crear situaciones y condiciones en su cuerpo y en sus asuntos que correspondan a los patrones subconscientes de su pensamiento.

El estado subjetivo de nuestro pensamiento—es decir, la suma total de nuestros patrones de pensar, actúa como un medio continuo entre lo Absoluto y lo relativo, y entre la absoluta e incondicionada Causa original y las cosas que están sucediendo diariamente en nuestra vida.

Estos patrones inconscientes de pensamientos, que son subjetivos, provienen de esta atmósfera de su diario pensar, y de aquello que todo el mundo cree. Existen otros patrones de pensamientos provenientes de lo más profundo de su naturaleza espiritual. Los patrones originales están en la Mente de Dios (los prototipos divinos). Surge un conflicto entre el empuje de estos patrones originales y los frenos de nuestro pensar consciente e inconsciente. De esto proviene el conflicto mental.

Sabemos que los patrones mentales inconscientes se repiten monótonamente y con regularidad. Podemos ver entonces, qué es lo que significa que la casa de un hombre esté divida contra sí mismo. A veces exclamamos "¡Yo creo!", mientras que algo dentro de nosotros parece tener igual poder, dice: "Atrévete a no creer". En sus más altos momentos de exaltación espiritual decimos: "Dios es todo lo que existe", mientras algo dentro de nosotros dice: "¡Tal vez sí! ¡Pero mira a tu alrededor!". Y así automáticamente el argumento en pro y en contra de la vida sigue su curso.

En el campo metafísico esto ha sido llamado "el argumento del error". En el campo psicológico esto ha sido llamado "La inercia de los patrones de pensamiento". En el campo metafísico, cuando estos patrones mentales cambian, ocurre un desgarramiento en ellos como si estuvieran siendo extirpados contra su propia voluntad. A este proceso se le llama "Purificación". En el campo psicológico, "Catarsis". En la Biblia le llamaban "arrojando demonios".

En el campo metafísico se ha dicho que a estos patrones habituales de pensamiento no les gusta rendirse; nos rebaten, como cuando decimos "Yo creo," algo dentro de nosotros contesta, ¿"Cómo puedes creer"? A esto se le llama "resistencia" en el campo psicológico.

Si se juntan estos dos conceptos generales y se acepta que años de esfuerzo y paciencia en ambos campos han expuesto ciertas verdades definidas acerca de la Ley de la Mente en acción, llegamos a la conclusión de que los patrones inconscientes de pensamiento sí ofrecen resistencia al control consciente, y que ellas se nos muestran como si fueran entidades independientes.

En el campo metafísico desraizarlas se les llama "Revelar el error". En el campo psicológico, "resolver el conflicto". En el método psicológico el paciente habla con el psicólogo hasta que a través de asociar una idea con otra, gradualmente trae "a la luz del día" las razones específicas de su conflicto. El psicólogo cree que un conflicto interno debe extraerse y observarse por la mente consciente. Los metafísicos saben que pueden resolverlos en su propia consciencia. A esto se le llama en el campo metafísico, "llegar a conocer la Verdad que nos libera del error".

El método analítico (del psicólogo) es lo suficientemente lógico cuando nos damos cuenta que está basado en la idea de que existen muchas mentes individuales. El método metafísico es también lógico cuando nos damos cuenta que está basado en el concepto del Principio de una Mente que cada persona utiliza individualmente. Si hay muchas mentes, entonces la mente individual afectada debe ser analizada individualmente, y cada bloqueo extraído uno a uno a la superficie y desechado. Debido a eso, este proceso es bastante largo. Pero si por otro lado asumimos que sólo hay un Principio, una Mente operando a través de todos, podemos ver que cuando el Practicante remueve un obstáculo en su propia Mente, al mismo tiempo estará removiéndolo de la consciencia de su paciente.

En el campo metafísico no es necesario que el Practicante sepa, o que el paciente conscientemente sepa qué indujo el conflicto interno. El metafísico ha aprendido que cuando afirma algo superior al problema y hace suyo su significado, el pensamiento consciente actúa como Ley y remueve los obstáculos.

Cuando este obstáculo ha sido removido, el metafísico llama a eso "dejarlo al designio de Dios". El psicólogo le llama "llegar al conocimiento de uno mismo" o "reajustándose a la vida". Todos ellos tienen el mismo significado. Por mucho tiempo las similitudes pasaron desapercibidas porque estas ideas se tenían bajo sospecha.

El metafísico parte de la premisa de que Dios o Espíritu es la causa de todo. El psicólogo está gradualmente llegando a este entendimiento, y podemos esperar que en adelante el campo de la psicología llegue a una compatibilidad gradual con la necesidad de percibir la vida espiritual.

Es evidente que provenimos de la Vida, de Dios, del Espíritu, o como elijamos llamar a la Primera Causa. Fuimos colocados aquí por una Inteligencia Superior a nuestros intelectos. Los más grandes pensadores de todos los tiempos han proclamado que existe un patrón o prototipo divino en el mundo del Espíritu de absolutamente todo lo que se proyecta en el mundo de la forma. Este patrón o prototipo, no está detrás o afuera de su manifestación física; está al centro de ella.

El Practicante espiritual de Ciencia de la Mente empieza con una suposición audaz, de que el hombre ya es un ser espiritual, no que él va a llegar a serlo o desarrollarse hacia ello. Ya lo es. Si puede removerse todo lo que niega esta proposición, el patrón divino saldrá a la superficie, y el flujo espontáneo de la Causa original se manifestará como armonía, paz e integridad.

Debemos entender que el Espíritu continúa *sabiendo* a través de nosotros. Cuando nuestros pensamientos se basan en la armonía fundamental, ésta aparecerá en nuestro pensamiento. Dios piensa y crea a través de nosotros la actividad de nuestras vidas en forma definida ahora mismo. Cuando el acto de pensar o saber se basa en esta armonía fundamental, es un acto de la Mente creativa de Dios que crea el universo físico.

Si existe una sola Mente que da nacimiento a las ideas, entonces Dios avanza la creación a través de la vida de cada hombre. La idea de zapatos no existió siempre en la Mente de Dios, pero la posibilidad potencial siempre estuvo allí. La mente individual al sentir la necesidad de zapatos, concibe una idea y da origen a un molde mental, y esta pauta mental da origen al objeto.

Ya existe la ley a través de la cual toma lugar esto. La sustancia que pasa a la forma ya existe, la Mente Divina que concibe todas las ideas ya existe. Esta Mente es la mente del hombre; ya está individualizada en ella y la usa. Ésta es la Mente a través de la cual piensa. La Ley original siempre está actuando sobre su pensamiento, o su pensamiento está actuando a través de la Ley. Nadie sabe cuál es cuál. No importa de qué manera enunciemos este concepto, al final resulta igual.

La Ley existe siempre, la elección individual es una cosa espontánea. Cuando se descubrió que el hilo de nylon podía ser hecho de una combinación de carbón, aire, agua y otras cosas, el hombre no creó la ley en la sustancia. Sólo proyectó una idea derivada de la original.

¿Acaso un patrón original ya existía en la Mente Divina? No, este patrón en particular no existía. La posibilidad potencial de ello sí existía. Si alguien más hubiera concebido la misma idea un millón de años atrás, el mismo patrón hubiera sido creado. El patrón para el hilo de nylon, o la fórmula, fueron espontáneamente emergidas de la Mente Divina a través de un individuo y fue una nueva creación.

De cierta manera (que no entendemos) los pensamientos llegan a ser cosas, en forma semejante a como las semillas llegan a ser plantas, de igual forma que una combinación de carbono, aire y agua se convierten en una sustancia física de la que creamos el hilo que se usa para la fabricación de medias de nylon. Así como no entendemos cuál es el misterio y milagro de la Vida, tampoco entendemos cómo los pensamientos y actitudes mentales se convierten en cosas.

Pero como esto es verdad, las ideas pueden concebirse como poseedoras de una sustancia que opera a través de leyes definidas y que tiende a producir formas específicas. La idea fluye de un potencial inteligente. Fluye a través de la sustancia primordial. Esta inteligencia es una, universalmente presente e igualmente distribuida. No importa cómo elijamos llamarla: *el éter mental, el éter del espacio* o simplemente *la posibilidad infinita.* La única importancia que tienen los nombres, es que le dan significado a las ideas.

Nosotros no hemos creado este orden universal ni proyectamos este efecto universal. Sin embargo, cada uno de nosotros es un centro individual de ello. Uno sí proyecta su relación a ello, que podría o no ser uno de conciliación, felicidad y éxito. También uno proyecta su uso individual de ello en su vida personal, y la unión de todo el pensamiento de la gente, o la mayoría del consenso de la opinión humana, proyecta la historia humana.

Es importante para nosotros entender esto, y darnos cuenta que hay una diferencia entre proyectar una experiencia individual y la historia humana, y la proyección del orden universal mismo. En los momentos de gran tragedia humana, que se experimentan individual o colectivamente, nada cambia en la naturaleza. La integridad del Universo no puede ser violada, ni la Verdad puede ser disturbada. La armonía fundamental, la belleza, el amor y la sabiduría del Universo no se violan. El pasto es aún verde, el agua continúa húmeda y el sol siempre brilla. Como dicen las Sagradas Escrituras, *la lluvia cae de todas formas sobre el justo y el injusto.*

Es esta armonía original y fundamental sobre la que el Practicante Espiritual Mental basa su confianza. Sabe que los patrones originales deben ser armoniosos y perfectos, que el destino que Dios ha dispuesto es uno feliz y fructífero. Pero como el hombre posee libre albedrío, ha complicado su vida individual y colectiva.

Todo lo relacionado a la naturaleza de la maldad y la discordia ha sido creado por el hombre. Esto puede sanarse a través de un cambio de pensamiento y de acción, que ponga todo en su vida bajo el dominio de un propósito y voluntad única, que sea de verdad, belleza, amor, ley, orden y una fructífera expresión propia.

El Poder universal se da a la vida individual sólo de acuerdo a su propia naturaleza. Nadie puede violarlo. El poder espiritual que es real, se entrega sólo en el grado que la mente del individuo se sintoniza a su armonía fundamental. Nadie puede usar el poder espiritual para el mal. Esto no puede ser, ni es posible; no necesitamos molestar nuestras mentes con la pregunta de que si esto es posible o no.

Nadie puede sacar la muerte de la vida, o la maldad de la bondad, o el infierno del cielo. Pero el hombre si puede entonarse al bien de tal manera que sus palabras vienen a ser el instrumento para su operación. Esto quiere decir que pensamos pensamientos de Dios. Es entonces cuando a través de la fe y el entendimiento podemos proclamar la totalidad de la palabra sabiendo que no existe nada en el universo para contradecir nuestras afirmaciones.

Veamos exactamente cómo funciona esto en la práctica actual. Alguien viene a un Practicante y dice: "Yo soy una persona solitaria, no hago amigos fácilmente, busco compañía y un contacto más cercano con los demás, pero de alguna manera parece que nunca puedo satisfacer éste, mi más profundo deseo".

El Espíritu Creativo Divino no ordena que ciertas personas lleguen a ser amigos íntimos de este individuo. Pero el Ser Divino, por su Propia naturaleza, ordena que todos vivamos, nos movamos y tengamos nuestro ser en el Uno Único, en el Espíritu Puro; la Persona Infinita que fluye a través de innumerables personalidades. Mientras que todos tenemos nuestras raíces en el Ser Infinito, cada persona es un poco diferente, porque todo en el universo es individualizado y único. Hay un lugar en todo ser humano donde es uno con todo, porque es uno con el Espíritu Universal que está en todo.

El Practicante explica esto a su paciente, diciéndole cómo puede pensar. Le señala que cualquier pensamiento de separación que venga a su mente lo debe reemplazar por pensamientos de unidad. Lo sana de la creencia en sensibilidad, y en su propia mente afirma la unidad de toda la vida, y que su paciente es parte del todo, que es siempre uno con el Espíritu, consecuentemente es siempre uno con toda la gente.

El Practicante habiendo sido entrenado en el uso consciente de la Ley, definitiva y deliberadamente separa toda creencia en aislamiento, declara que su paciente es ahora uno con todos los que encuentra; que su vida fluye libremente a través de todas las otras vidas sin barrera alguna; que atrae irresistiblemente a la orbita de su experiencia personal, cosas y condiciones que llenan su vida de felicidad, armonía y plenitud.

EJEMPLO

(nombre_____) deja de proyectarse a sí mismo. Sabe que en el Espíritu es uno con toda la gente y ahora recibe a todos como amigos, establece relaciones cercanas con todos los que encuentra; algo sale de él que se unifica con ellos. (_____) incluye todos y excluye a ninguno. (nombre_____) se da a la vida sin distinciones. Libera la fuente de su bien espontáneamente, con gozo y sin suprimir nada. Hace esto sin esperar recompensa, sino lo hace con alegría y reconociendo esta oportunidad para incrementar su propia vivencia.

Más allá de toda diferencia está la unión del alma con su Fuente. Más allá de toda diferencia está la Persona Infinita sentada en el trono de su propia consciencia. Consciente de su unión con toda la gente, y ahora goza de compañía divina. Abraza el Infinito en todos y él a su vez es abrazado por Ella.

Como resultado de esto, la Ley de la Mente atraerá a esta persona aquellos que pueden ser felices en su compañía. La base del Tratamiento es la realización de la Presencia universal. La realización de la Presencia universal ahora se especializa a través de una realización igual de unión de está persona con todas las demás personas. El patrón divino de unión ahora fluye a través de la experiencia de este individuo y lo une con toda la gente.

Sólo la práctica puede verificar estas afirmaciones. Nadie las practicó activamente sin demostrar su verdad. Podríamos decir que el Practicante goza de un sentimiento interior de completa asociación con el universo. Éste es el lugar sagrado el o secreto del Altísimo dentro de él. Entiende que todo está gobernado de acuerdo a la Ley, y que todas las leyes deben ser la operación de la Inteligencia Misma operando consigo Misma y sobre Sí Misma. Sabe que cuando designa una cosa específica, un lugar, una persona o condición, él está enfocando un nuevo uso de la Ley e Causa y Efecto que operará a través de esta persona, lugar o, condición en particular.

Capítulo

EL ELEMENTO TIEMPO EN EL TRATAMIENTO

El Practicante siempre actúa en tiempo presente. El Espíritu es una realidad siempre presente. En cada Tratamiento individual que hace el Practicante, debe saber que la acción de la Verdad es inmediata, que todo lo que concierne en la naturaleza del tiempo, como lo entendemos, es eliminado. Cada Tratamiento debe incorporar una consciencia de culminación, de perfección y de plenitud en el aquí y ahora.

Si nuestra consciencia funciona solamente en el futuro, automáticamente se retarda la acción correcta. Por lo tanto, todas las afirmaciones deben hacerse en tiempo presente, todos los reconocimientos en el aquí y ahora, todas las afirmaciones y aceptaciones no serán de lo que va a ser, sino de lo que ya es.

Cuando haces Tratamiento para otra persona, el resultado de tu "saber" produce un correspondiente conocimiento en su consciencia. Un Tratamiento Espiritual Mental es algo activo cuando se da para un propósito definido. Uno debe estar consciente de la actividad de ideas que operan para resultados definidos. Al grado en que la consciencia del Practicante une la comprensión con la acción, la acción objetiva fluirá de sus palabras, entendiendo que consciencia y acción son idénticas. El movimiento del Tratamiento es para alcanzar esta meta definida y específica.

Si no le sigue la actividad, el Practicante sabrá que no está haciendo su trabajo correctamente, o que debe continuar hasta que la acción correcta se manifieste. La práctica Espiritual Mental no es para arrullarnos y dormir en una actitud de complacencia. La acción objetiva correcta siempre sigue a la acción subjetiva correcta. Las dos son una e idénticas, no hay dos finales para la misma cosa. Una es la imagen y la otra es el reflejo de esta imagen en la experiencia.

Cuando en la experiencia hay inercia, hay inercia en la consciencia. Cuando hay estancamiento en la vida objetiva, existe igual estancamiento en la vida subjetiva, nunca hay estancamiento en el Espíritu. La Práctica Espiritual Mental no es un método a través del cual uno se resigna a circunstancias inevitables y desafortunadas. Es lo opuesto. Nos despierta a la realidad de que las circunstancias negativas no necesitan existir. Alguien que cree que Dios nos dará la gracia para sobrellevar los golpes, no está practicando debidamente esta ciencia.

La inercia de la creencia y la morbosidad de la experiencia han creado patrones negativos de pensamientos tan profundos que muchas personas sinceramente creen que a través de las experiencias negativas serán gradualmente llevadas hacia la luz. Mientras que esto puede ser verdad en cierto sentido, sería ciertamente una base negativa para esta práctica. Dios no es un fracaso, Dios no está enfermo, el Espíritu no está limitado, y el Amor nunca ha aprendido nada acerca del odio.

El Practicante debe esperar que su primer Tratamiento resuelva el caso, mientras que al mismo tiempo nunca tomará un "No" por respuesta. Si el primer Tratamiento no resuelve el caso, él debe continuar hasta que una demostración sea manifestada. Pero la pregunta que puede surgir es: ¿Si estamos trabajando con un principio que instantáneamente cambia cualquier condición a una más deseable, por qué cualquier situación no puede ser instantáneamente resuelta?

Teóricamente, no hay razón por la cual el primer Tratamiento no pueda resolver cualquier situación, siempre y cuando se logre una realización completa de lo que se declara, porque realización y logros son uno y lo mismo. La cuestión es si se ha llegado o no a una completa realización al hacer el Tratamiento. La estipulación podría ser así: *Se da solamente un Tratamiento, ya sea que éste tome diez minutos o diez meses.* Cuando el Tratamiento se completa, tendrá lugar la demostración.

Mientras que se requiere que en todo Tratamiento se entreteja expectación y aceptación, también es necesario continuarlos hasta que se obtengan los resultados deseados. El Practicante debe entrenarse a llegar a una completa convicción en cada Tratamiento específico, y luego de darlo olvidarse de él. Cuando se haga necesario repetir el Tratamiento, no debe sentir que está continuando un proceso que va a tomar largo tiempo para lograrse, sino más bien, que está trabajando para afirmar la Verdad de una manera cada vez más perfecta.

Supón que cada vez que se hace Tratamiento lo miramos como un período de trabajo que es parte del Tratamiento entero, como una parte que está avanzando hacia una realización completa, sabiendo que cuando la realización se complete la demostración tomará lugar. Entonces, cada período de este Tratamiento debe durar hasta que quien da el Tratamiento alcance el más alto grado de realización; hasta que un sentimiento de acuerdo y de seguridad llegue a su consciencia. El Practicante siente que lo que ha dicho es verdadero, es la Verdad acerca de sí mismo y acerca de la persona para la que trabaja, para esta persona en particular, o para alguna condición definida.

Tal vez pueda tomarle quince minutos, posiblemente podría tomarle treinta minutos o aun una hora arribar a esta completa convicción. Ya ha hecho todo lo que sabe hacer en este Tratamiento en particular. Ya ha alcanzado un lugar de seguridad y aceptación en su propia consciencia. Ya cree que lo que ha dicho es la Verdad espiritual de la situación. Ya no hay una diferencia entre el reconocimiento de esta Verdad y su manifestación. Ahora descansa en la completa confianza de que todo está bien. Está calmado y en paz. Ahora libera su Tratamiento.

Cada Tratamiento es un uso especializado de la Ley de la Mente por un propósito definido. El Tratamiento existe para el logro de aquel propósito. No tiene otra intención ni acción alguna que no sea para la persona mencionada, y de la manera que se ha decretado. Cada Tratamiento tiene la plena capacidad de ejecutarse a sí mismo a nivel de la consciencia interior de aquél que lo da, ya sea por el propósito, la persona o cosa específica en el Tratamiento que ha dado. Por lo tanto, cada Tratamiento debe ser completo dentro de sí mismo.

No importa cuántos Tratamientos uno sienta es necesario dar, cada Tratamiento es una entidad completa. Debemos sentir una finalidad acerca de ellos. Debe haber una convicción de que esto es así, que ya está hecho, ahora, completo, perfecto y terminado. Ésta es la consciencia que se debe tener en cada Tratamiento.

Si es necesario hacer nuevamente un Tratamiento, ese mismo día, al día siguiente, o sobre un período de tiempo, el Practicante continúa de la misma manera. Finalmente, todo lo que está escondido a la luz del Espíritu brillará a través de ella y el camino se aclarará. Él debe estar dispuesto a continuar con el Tratamiento hasta que la demostración sea hecha. Mientras que es verdad que una demostración debería ser instantánea, también es verdad que en la mayoría de los casos el resultado es obtenido un paso a la vez, cada período de realización trae la consciencia más cerca de la meta.

Es verdad que existen mayores obstáculos subjetivos en algunas situaciones que en otras, pero al centro de toda condición existe la vida perfecta. La Práctica Espiritual Mental es el reconocimiento de esta vida perfecta, el entendimiento de ella y una realización de su significado, y una aceptación de esta Presencia y acción, bien sea ésta en el cuerpo físico o cualquier tipo de situación.

Cualquier Tratamiento individual no se completa hasta que quien lo da acepta el resultado como un hecho, final y perfecto. Eso debe hacerse en cada Tratamiento individual, de no hacerlo, aquél que lo da puede caer inconscientemente en el hábito de retardar su manifestación. En la práctica, cada Tratamiento es final. Persistir en el trabajo espiritual tal vez sea necesario en otros campos. Se necesita flexibilidad y paciencia. Esta flexibilidad y paciencia están dentro de nuestra propia consciencia, no en el Principio que estamos demostrando.

Debemos tener siempre la certeza de que cuando la declaración está completa, la respuesta le corresponderá exactamente. El Tratamiento sólo puede ser tan efectivo como la consciencia que está detrás de él. La consciencia se puede cambiar pero no la Realidad. Por lo tanto, si el Practicante continuamente eleva su consciencia revelará progresivamente la Realidad que está detrás de todas las cosas.

EJEMPLO

Me alineo con los poderes del bien y de la acción correcta. Moro en una fe perfecta y completa en Dios como mi Bien siempre presente. Dejo detrás todo miedo y retorno alegre y resuelto a la fe, realizando que la luz es inmune a la oscuridad, que la noche no tiene poder sobre el día, y que el amanecer disipa las sombras de la media noche. Sin esfuerzo, torno mi atención a la Luz Eterna, y me doy cuenta que la Luz brilla a través de los lugares oscuros de mi consciencia y los disipa, y que camino bajo esa Luz donde no existe la oscuridad.

No sólo caminaré en esta Luz, la irradiaré. La impartiré a otros. Recordaré las palabras, "Deja que tu luz brille ante los hombres para que tus buenos trabajos glorifiquen al Padre que está en el cielo". Recordaré que ese Padre que está en el cielo, está en ese cielo dentro de mí.

No hay persona que pueda practicar exitosamente en este campo más allá de simplemente mitigar las maldades; a no ser que esté dispuesto a dejar de arrojar el guante de la maldad y afirmar abiertamente que no pertenece a la providencia del bien. Dios se está convirtiendo en Dios. Dios no es un Dios en desarrollo. Dios es todo lo que has sido, es y será, y se mantiene siempre perfecto, completo, feliz y armonioso.

Éstas son las bases para la práctica Espiritual Mental, y aquél que no se compromete con esta posición logrará muy poco en este campo. El pesimista dirá "¿Quién, aún entre los Practicantes profesionales, ha caminado sobre las aguas o resucitado a los muertos o dado de comer a las multitudes?". Una persona no puede estar espiritualmente equipada para practicar esta ciencia si escucha tales argumentos. Estos provienen de patrones de pensar de individuos que no desean ser disturbados; ellos también *dormirán, y tomarán su descanso.* ¿Y qué si tú no has caminado sobre las aguas o resucitado a los muertos? Pero quizá has tenido una buena demostración si compraste un pasaje de avión para llegar a tu destino, o a través de estos métodos encontraste una manera de ganarte la vida con menos ansiedad.

Frecuentemente el Practicante se confronta con tanta confusión que su mente podría disturbarse. Sin embargo, esto no debe considerarse una situación desalentadora, es simplemente una indicación de que necesita trabajar más en aclarar su pensamiento acerca de alguna condición en particular. Puede tomarle algún tiempo hacer esto. Si es un Practicante Espiritual Mental que sabe lo que hace y cómo lo está haciendo, continuará hasta que toda su consciencia le responda con un sentimiento de armonía.

El Practicante debe estar siempre alerta y mantener su consciencia más allá de lo que ve, lee o escucha. Si un gran número de personas hacen esto, los patrones de pensamiento humano de miedo y limitación gradualmente se desvanecerán. Nuevos y mejores patrones tomarán su lugar, y finalmente, la humanidad encontrará un nuevo punto de partida.

Todos los que están en este sendero deben reservar parte de su tiempo para meditar. La parte superior de su mente debe mantenerse en una actitud de escucha hacia el Infinito, para llegar a transmitir la paz del eterno reservorio de la Vida a las cosas y acontecimientos externos, y a aquellos a quienes quiere asistir. Él debe siempre buscar estar espiritualmente alerta, manteniendo parte de él en una actitud vigilante hacia la Vida, para que su consciencia llegue a ser un aparato transmisor de aquello que está más allá del pensamiento humano.

Asumamos un caso en el que el paciente dice que siempre ha estado atado a la limitación. Como si estuviera ligado a una cadena de causas negativas de las cuales no puede liberarse. Él está pensando desde el punto de vista de una experiencia previa. No podemos convencerlo de que ésa no haya sido su experiencia, ya que sabe muy bien que sí ha sido. La fría declaración de que nada está mal en él no será efectiva. Aunque es verdad que nada está mal en él, espiritualmente hablando, también es verdad que sufre las condiciones negativas de escasez y limitación.

No es suficiente simplemente decir que todo lo que necesita es un cambio de consciencia. Aunque esa declaración también es verdad, la declaración por sí misma no cambiará su consciencia. Sería como entrar a una habitación donde todo está en el lugar equivocado y decir, "Sólo la Armonía Divina es real. La habitación está en un estado de confusión porque la gente que vive aquí está confundida". Esto puede ser verdadero, pero una buena ama de casa viendo la confusión acomodará los muebles.

Así es con el Practicante Espiritual Mental. Él no resuelve un caso fríamente haciendo afirmaciones o reiterando que Dios es el bien. Su deber es *demostrar* la verdad de sus afirmaciones. Por lo tanto, empieza un método sistemático de Tratamiento Espiritual Mental, lo que clarifica los obstáculos en su consciencia y deja libre al Espíritu para que pueda operar a través de su paciente de una manera armoniosa.

El Practicante puede seguir el procedimiento siguiente, recordando siempre que no hay fórmulas, pero que hay ciertos métodos que producen ciertos resultados.

EJEMPLO

Cuando el Practicante piensa en su paciente y declara su palabra para una persona en particular, podría decir:

El Espíritu no tiene pasado. Nunca ha sido atado por ninguna condición externa. Siempre ha sido y siempre permanecerá libre e independiente de condiciones. Este hombre es de la misma esencia del Espíritu puro. Es uno con Dios. Sé que no existe limitación operando a través de él. No lo obstruye carga alguna de la creencia colectiva de la raza humana.

No importa qué pasó ayer, o lo que haya sucedido en el pasado de este individuo o en la creencia colectiva de la raza humana. Mi palabra es una Ley de eliminación de toda creencia y obstrucción, no importa de dónde vengan. Esta persona no está atada a nada de lo que haya pasado. El Espíritu está creando hoy su vida en forma totalmente nueva. Está libre y protegido. Él mora en el lugar secreto del Altísimo. No existe miedo, desconcierto, vacilación ni duda.

Todo lo que (nombre_____) hace, prospera. La puerta de la oportunidad está hoy abierta para él. Todo lo que hace, dice y piensa es estimulado por la Divina Inteligencia, e impulsado por el Amor Divino. La acción correcta lo guía, dirige y mantiene. La bondad, abundancia, alegría, gozo, éxito y amistad, se manifiestan hoy abundantemente en su experiencia.

El Practicante reflexiona en el significado de estas palabras y busca asimilar la esencia de su significado. Encuentra su camino de regreso a esa plenitud que existe en el centro de todas las cosas. Sus palabras proclaman la actividad de la Ley del bien, el Principio de la Mente en acción. Él se convence a sí mismo de que las palabras que habla, y porque las ha dirigido para una persona en particular, se manifiestan tan pronto como las palabras se pronuncian. Y continuarán manifestándose a no ser que la acción de estas palabras sea negada.

Capítulo

13

RELACIÓN DE PRACTICANTE
A PACIENTE

Dios, el Espíritu Único, es el espíritu de ambos, paciente y Practicante. Por eso Jesús nos dijo que no deberíamos juzgar a otros, porque si lo hacemos seremos juzgados por el mismo juicio. "No juzgues para que no seas juzgado, porque con el mismo juicio que juzgas, serás juzgado; y con la misma medida que mides, serás medido".

Esto va más allá de la caridad y la tolerancia. Esto entra en el centro mismo de la Realidad. Sólo en el Espíritu de amor, entendimiento y unidad puede existir tal integridad. El Practicante identifica a ambos, a sí mismo y a su paciente con el Espíritu puro, rehusando admitir que existe alguna separación del Espíritu, ya sea en él o en su paciente. El Amor es el gran poder sanador, es un amor que ve lo Infinito más allá de los errores humanos, que no sabe de otra cosa que Sí Mismo, ni de algo diferente a Sí mismo.

Debemos siempre ver que la práctica Espiritual Mental es una combinación de amor y ley, el amor como la causa-idea, la ley como lo que la trae al mundo de los efectos. Es a través del amor que llegamos a un sentido de unión. La más pequeña obstrucción a este amor obstruye la manifestación de esta unión, bien sea que esta obstrucción tome la forma de un criticismo frío, indiferente, intolerante, o un sentido de que "estoy en lo correcto y tú estás equivocado".

El Practicante debe evitar estas actitudes. Debe ver que cada persona está esforzándose por llegar a la luz. Es quien extiende una mano de ayuda y siente que ése es el mayor privilegio que pueda tener. Recorre el camino del descubrimiento de sí mismo y de otros sostenido en su confianza de que Dios es todo lo que es, y en su entendimiento de que la Ley de la Mente en acción ejecutará su palabra. A veces tienta el camino a ciegas, pero siempre en la seguridad de que hay un camino, una verdad y una vida.

No debemos perder el tiempo en argumentos inútiles, como qué es la religión o cuál es el punto de vista espiritual que está correcto o incorrecto, sin, más bien, aceptar gozosamente la evidencia de que cualquier oración y fe, de dondequiera que provengan, son demostraciones de su creencia. Se pierde mucho tiempo discutiendo si nuestra filosofía es la correcta, o nuestra religión es la única y verdadera; o que si su método de procedimiento es el único que es efectivo. Dejemos de lado estos argumentos a las mentes pequeñas y tratemos de encontrar el hilo de Verdad que corre a través de todos los sistemas. Construyamos sobre lo afirmativo y olvidémonos de lo negativo.

El tiempo que se usa en argumentos innecesarios es una pérdida de energía. Miles de personas han hecho lo que estamos tratando de hacer sin incorporar las ideas particulares que empleamos. No harán sus oraciones o sus afirmaciones de la misma manera que nosotros, pero si obtienen resultados, de seguro que usan el mismo principio que nosotros usamos.

En esta práctica aprendemos a aceptar a todos exactamente donde están y a construir pensamientos afirmativos sobre lo que realmente son. Debemos enseñarles a utilizar su fe de la manera más simple y directa posible. Gradualmente podemos indicarles que su fe (cualquiera que sea) está basada en el mismo principio que nosotros usamos. De esta manera podemos ganarnos su cooperación rápidamente, remover las diferencias de opinión que producen los argumentos vanos, y evitar colisiones de ideas. También debemos emplear una actitud de no-resistencia y enfocarnos en las similitudes, en vez de en las diferencias.

En la aplicación práctica, cuando un Practicante encuentra a alguien de opinión dogmática, muy argumentativo y resistente, en vez de lanzarse a un bombardeo de argumentos, deberá silenciosamente hacer Tratamiento para saber que no hay resistencia a la Verdad. De esta manera trata la resistencia de la misma manera que trata otro estado negativo de consciencia.

Al hacer esto, no debe haber un sentido de antagonismo en el pensamiento del Practicante, sino ver más allá de las diferencias de opinión con la misma claridad de pensamiento que usa para ver a través de cualquier otra discordia. Si su trabajo continúa en el campo de argumentos contenciosos, simplemente acentuará las diferencias de opinión.

Esto es un llamado a la tolerancia, el amor, la empatía y comprensión. De la misma manera que un cirujano arregla un hueso roto sin tener opinión personal acerca de su paciente, buscando sólo ayudarlo, de la misma manera el Practicante Espiritual Mental reajusta pensamientos con la misma flexibilidad, tolerancia y deseo de ayudar.

El Practicante que argumenta con su paciente, es un Practicante infortunado. A menos que resuelva lo que argumenta por medio de un Tratamiento silencioso, ¿cómo podrá llegar a un lugar de aceptación? El Practicante científico sabe que demasiado argumento es en sí parte de la condición que necesita ser cambiada.

Una declaración fría como "Tú eres ya perfecto y lo único que está mal contigo es tu propia falsa creencia", nunca lo sanará. Levantará una barrera de antagonismo y conflicto que se reflejará subconscientemente, una y otra vez, entre la mente del Practicante y la del paciente. El paciente viene al Practicante porque está enfermo o porque está pasando por una experiencia discordante o infeliz. Por lo tanto, debe ser recibido con simpatía y con amor, con tolerancia y entendimiento, y nunca con una actitud altanera que pareciera estar mirando desde las alturas de su propia arrogancia, ya sea por lástima o condenación. Esta actitud nunca puede sanar.

En un Tratamiento Espiritual Mental se requiere de absoluta sinceridad. No importa qué es lo que se diga en voz alta, el mecanismo delicado de la mente detectará el grado más mínimo de insinceridad. El Practicante debe ser empático con el paciente, aunque no esté de acuerdo con sus puntos de vista. Así como no podría criticar al paciente conscientemente porque se fracturó un brazo, tampoco podría criticarlo por estar pasando por trastornos emocionales. Tampoco debe sentirse como un juez de la conducta humana, su trabajo es ayudar a su paciente a alcanzar un entendimiento de propia espiritualidad, una realización de que su vida está enraizada en el Espíritu puro.

El mínimo sentido de condenación o juicio acerca del paciente, hace que sea imposible para su mente recibir el significado de la verdad que se afirma en voz alta. No importa cuál pueda ser la condición física o la causa psicológica que estamos buscando erradicar, si nos limitamos a la condición física o su causa mental, nos estamos quedando cortos en la realización espiritual, que es la que única que puede crear una nueva causa mental y un nuevo efecto físico.

Esto no puede hacerse, a menos que superemos los pensamientos negativos y la desarmonía física. Si tenemos el deseo sincero de creer y el entendimiento científico de saber que dondequiera que haya el más mínimo pensamiento negativo acerca del paciente en la mente del Practicante, éste se registrará en el Tratamiento, entonces entenderemos la necesidad de mantener nuestros pensamientos simples y directos, sinceros y comprensivos, todo el tiempo.

Ninguna serie de afirmaciones, por más bellas o espirituales que sean, pueden lograr esto. Se requiere un profundo y penetrante sentido de amor, un acercamiento sincero y directo al Espíritu en uno mismo y en los otros. También esto requiere una gran flexibilidad ya se trate de nosotros mismos o de otros. Se necesita paciencia y cariño, simpatía y compasión; simpatía por la persona, no por los errores que la asaltan.

Se exhorta a tener una completa aprobación del pensamiento del Practicante acerca de su paciente. Debe elevarse por encima del error a aquél lugar que existe al centro de todo, que es original, puro y perfecto. A menos que uno tenga una profunda y sincera convicción de que existe tal lugar, de que tal realidad actualmente existe, no hay palabras que pueda usarse que revelen esa perfección.

La práctica Espiritual Mental es una combinación de lógica y razón, aplicada con el propósito de alcanzar discernimiento espiritual. Pensando claramente, uno puede gradualmente penetrar el Espíritu. La lógica, razonamiento, declaraciones, afirmaciones y negaciones que usamos en el TEM, son formas y métodos para clarificar conscientemente el pensamiento. Detrás de ellos debe haber una motivación de amor, simpatía y compasión; algo que surge de lo más profundo; de un sentimiento primordial de la Divina Presencia.

Después de escuchar las declaraciones negativas de un paciente, el Practicante es quien debe ser sanado primero. Todo sentimiento de carencia, de maldad y limitación que el paciente haya descrito, debe ser repudiado en la mente del Practicante. Él acalla el argumento de miedo, duda e incertidumbre en su propia consciencia.

Algo igualmente importante para un Practicante en este campo, es recordar que para poder expulsar una consciencia errónea de la mente de su paciente, debe primero expulsarla de su propia consciencia. Es en este sentido que la sanación metafísica viene a ser una auto-sanación, es como si el Practicante realmente se sanara a sí mismo de la creencia que acosa a su paciente.

Es en este sentido que el Practicante Espiritual Mental trata con su propia consciencia y no con la consciencia de su paciente. No es una mente manipulando a otra. El Practicante no está sugiriendo nada a su paciente. Lo que en realidad hace es remover la obstrucción que interfiere la expresión completa del paciente. La remueve en su propio entendimiento. Él no trata a nadie más que a sí mismo.

El Practicante persiste en hacer el Tratamiento hasta que un cambio objetivo y definido se manifiesta en la experiencia del paciente. Cuando esto sucede, el paciente querrá saber qué está pasando y cómo. Es la obligación del Practicante, tan pronto como sea posible, poner al paciente en sus propios pies mentales y espirituales, demostrándole cómo puede trabajar consigo mismo.

Nadie puede sanar en forma permanente en esta ciencia hasta que sabe que puede usar la Ley él mismo conscientemente. Hasta que sabe que sus raíces son Espíritu puro, y que su palabra es ley en su propio ser. Él habrá sanado cuando ya no necesite más ayuda. Hasta que ese momento llegue, sólo fue aliviado de una condición. Cuando llega el momento en que entiende cómo es que las condiciones de su vida fluyen de su propia consciencia, y que puede cambiar su consciencia, hasta entonces, habrá sanado realmente; ya no necesitará depender de un Practicante.

La obligación del Practicante es liberar a su paciente lo más pronto posible de la idea de que necesita apoyarse en el Practicante. Esto no es sólo una obligación, es un privilegio y produce resultados benéficos en su propia consciencia. Al grado que establece al paciente en una convicción de libertad espiritual, en ese grado establece para sí mismo una libertad mayor como jamás se imaginó.

Ésta es la razón por la cual Jesús, quien tuvo una revelación muy profunda de la Ley y el Espíritu, enfatizó la idea que la vida nos da al dar nosotros a otros. Aquello que se libera se mantiene, aquello que se entrega puede conservarse, "Quien pierde su vida la encontrará".

Ese concepto es tan elevado que nuestros tambaleantes pies lo siguen con incertidumbre, pero siempre con la certeza de que aquél que ha encontrado a Dios ha descubierto la *perla de gran precio*. Las perlas Espirituales se crean en la profundidad de la consciencia y se enhebran en el rosario de la vida donde cada una puede ser contada.

Cuando el Practicante se libera a sí mismo, libera a su paciente; e igualmente, al liberar a su paciente, se libera a sí mismo. Las dos liberaciones van juntas, porque en realidad son una sola. En la práctica Espiritual Mental no estamos tratando con varios espíritus, varias mentes o varios cuerpos; estamos tratando con un Espíritu, una Mente y un cuerpo universal. Un cuerpo de ideas correctas cuyo prototipo se esconde en el Espíritu de Dios. Cada individuo tiene sus raíces en la Causa universal, ha sido proyectado por ella, y se mantiene en su lugar a través de Su ley.

Cuando aquél que sufre alguna enfermedad física condena a los órganos de su cuerpo diciendo: "¡Mi pobre cabeza!" o, "¡Mi frágil corazón!" o, "¡Mis débiles ojos!" deberíamos enseñarle a alabar esos órganos hasta que demuestren la acción correcta; y a que se de cuenta que tienen una función que cumplir. Que lo que el Espíritu creó no puede ser un error. El error está en nuestro punto de vista y nunca en la idea divina. Por lo tanto, buscamos cambiar nuestras ideas.

Por cada equívoco, tratamos de encontrar su exacto opuesto, el cual será la realidad acerca del equívoco.

La verdad acerca del dolor es paz, la verdad acerca del temor es fe, la verdad acerca de la escasez es abundancia, la verdad acerca del infierno es el cielo, la verdad acerca del diablo es Dios.

Los Practicantes deben asegurarles a sus pacientes que existe una magnanimidad divina en el universo, y que el amor desea hacer el regalo de la vida. Debe ayudar a su paciente a tener una fe constructiva en el universo y una vista optimista sobre la vida.

Una pregunta frecuente es cuándo estará listo el paciente para recibir estas grandes verdades. Está listo cuando estamos en una posición de explicarle estas verdades, simplemente, sinceramente, con profunda convicción y sentimiento. Está listo en su primera visita al Practicante. Algún poder dentro de él lo ha atraído hacia el Practicante con el propósito de que se le revele la Verdad. Esto es para lo que él ha venido. Cuando camina a través de la puerta de la oficina del Practicante, ya está listo para recibir todo lo que el Practicante tiene para darle; a entender todo lo que el Practicante le dice; a consumar todo lo que el Practicante pueda realizar por él.

No hay arrogancia ni prejuicio en esta práctica. No hay una actitud de que "yo soy más espiritual que tú". Debe ser algo sincero y simple. El Practicante que erróneamente cree que su paciente no está listo a recibir las grandes verdades que tiene para ofrecerle, si examina más de cerca su propia consciencia descubrirá que es él quien no está listo para entregar estas verdades. El Practicante sólo puede hacer real para su paciente aquello que es real para él, siendo la razón que el estado espiritual del paciente nunca ha sido tocado por esta experiencia. Espiritualmente el paciente ya está donde el Practicante está, y cuando lo profundo llama a lo profundo, lo profundo responderá profundamente. Un acuerdo simultáneo tomará lugar.

El Practicante amorosamente lleva al paciente a su propio centro. Con su conocimiento técnico de práctica, remueve los bloqueos que obstruyen el pasaje del Espíritu en la experiencia del paciente. Él no establece al paciente en la Verdad, en Dios o en la Vida. Simplemente lo toma de la mano mental y lo guía de regreso a sí mismo. Todo este esfuerzo, ya sea explicaciones en voz alta o práctica en silencio, es para establecer al paciente en su propio centro espiritual.

La práctica espiritual mental es una combinación de técnicas mentales y consciencia espiritual que establece una fe y una convicción en la realidad del Bien. El Practicante no debe jamás condenar a su paciente, o decir, "estás sufriendo porque has hecho esto, aquello, o lo otro". A no ser que el Practicante pueda elevarse por encima del error y su consecuencia, no sanará a ninguno de ellos. Mientras vea eso en su paciente no podrá elevarse por encima del error; como no podría elevarse por encima de un error en su propia vida si continuara atado a su propio error.

No puede haber una sanación permanente sin haber espiritualizado su consciencia. Una sanación permanente se realiza al grado en que la consciencia se vuelve hacia adentro, a la Fuente de su ser, y encuentra su unión con la vida y el amor de Dios. Esto es a lo que llamamos *consciencia espiritual* y éste es el fundamento de que cualquier sanación sea permanente.

Debe mostrársele al paciente que ya tiene un acceso personal e inmediato a toda la Presencia, y a todo el Poder que existe en el universo. El trabajo del Practicante es bueno sólo cuando ha anclado firmemente a su paciente en la consciencia de su propio contacto personal con la Realidad. El Practicante siempre busca liberar al paciente de la necesidad de tener un Practicante, de la creencia de que debe depender de algo más que la Verdad.

"Donde está tu tesoro, ahí también está tu corazón". Si nos llevan a creer que necesitamos un psicólogo o un Practicante espiritual cada vez que nuestro pensamiento se disturba, todavía estamos en esclavitud. Esta esclavitud puede ser un poquito más dulce, pero de todas maneras surge de un pensamiento de escasez. Estaremos siempre buscando ayuda externa. Eso está muy bien en una dificultad temporal, pero, podría llegar a estar mal si se crea una dependencia.

Debe enseñársele al paciente o paciente* que ninguna otra persona puede poseer absolutamente nada que no posea ya él. Debe enseñársele que él simplemente busca una ayuda temporal. Que debe agradecer tal ayuda, pero que debe recordar que toda discordia nace de la creencia de que nuestra vida está separada del Espíritu, quien siempre vive dentro de cada uno de nosotros.

---

* (Nota de R.Piña: Yo uso la palabra "paciente" cuando trabajo con alguien que tiene un desafío de salud, y "paciente" cuando hay una condición aparente de discordia, escasez, o algún otro reto).

Ninguna sanación puede ser permanente, ni cantidad alguna de Tratamientos serán adecuados, (no importa lo bien intencionados que sean) a no ser que la consciencia del individuo despierte a la realización de que su vida personal es Dios manifestándose a través de su vida. Un Practicante nunca debe permitir que la gente se apoye en él permanentemente, sino sólo de una manera temporal.

Uno de los deberes de un Practicante es asistir a su paciente a liberarse de la esclavitud de buscar ayuda permanentemente; ya sea física, mental o espiritual. Para empezar, el Practicante debe liberarse él mismo de esta esclavitud. Debe asegurarse de que no está colocándose espiritualmente por encima de otros, porque si él hace esto, impone la esclavitud en su propia experiencia.

A medida que el Practicante se siente libre en el Espíritu, debe saber que su paciente es libre también. Debe hacer trabajo definido para percibir que su paciente no está atado a persona, condición o sistema de pensamiento alguno. En psicología a esto se le llama "romper transferencia", lo cual significa, devolver la integridad al paciente, para que él sepa que es suficiente su propio entendimiento.

Esto no quiere decir que se le deba enseñar que está sólo en el universo o de que ya no necesita la compañía de otras personas. Al contrario. No hay persona íntegramente espiritual y que esté buscando aislarse de la vida. Sólo una persona que no es íntegramente espiritual siente que no puede mezclarse con otras personas, o que no puede participar en los acontecimientos humanos. Esto no sería sanar; sería retirarse de la vida. El ermitaño que se aísla de la vida para ser santo, es una persona enferma. Es solamente cuando vemos a Dios en todas partes, en todas las cosas y a través de todas las personas que podemos unificarnos con la Vida.

Cuando este tipo de sanación toma lugar, el individuo se reajusta a la vida automáticamente y puede encarar cualquier problema que lo confronte. Una persona que sana espiritualmente, tendrá un entusiasmo más grande por vivir, que antes, y le gustará más la gente. Será más tolerante de los errores de los demás y de los suyos. Aprenderá a unirse con ellos más allá de su propia pequeñez.

El oficio de un Practicante espiritual es sanar la consciencia de tal manera que el reajuste tome lugar automáticamente. Esto es lo que Jesús tuvo en mente cuando dijo que si buscáramos el Reino, todo lo demás se nos daría por añadidura. Si encontramos a Dios en todos los hombres, descubriremos que todos los hombres están en Dios.

Otros libros
de DR. ERNEST HOLMES

Este Algo Llamado Tú

Este volumen cubre el campo de la psicología espiritual moderna respecto a la relación del individuo con la vida. Con gran frecuencia se encuentran en sus páginas ejercicios de inspiración o meditación para uso personal a fin de obtener ayuda y alivio que pueden ser aplicados de inmediato por el lector. De esta forma cubre el campo de la meditación inspiradora para que pueda ayudarse a sí mismo en forma directa y simple.

Ese Algo Llamado Vida

Basado firmemente y con gran cuidado en las enseñanzas de Jesús y de otros grandes guías espirituales y filósofos, *Ese Algo Llamado Vida* es un compendio de la práctica de la fe por medio de la cual se pueden resolver directa, simple y efectivamente los problemas de toda clase.

La Ciencia de la Mente

Esta publicación monumental entre las obras de motivación e inspiración de la última mitad de este siglo, es no sólo un libro de texto y de referencia definitivo, sino que también provee una lectura inspiradora que satisface la variedad de las necesidades humanas. Y es compañero esencial de las otras obras de la Ciencia Religiosa.

Lo Esencial de Ernest Holmes

Posiblemente nos encontremos con las mismas ideas expresadas en numerosas y diferentes formas de un libro a otro, pero son ideas extraordinarias, y mientras más las escuchemos probablemente más les permitimos que transformen nuestras creencias acerca del mundo y de cómo funciona. Cuando las encontramos quedamos por lo menos un poco más en paz, un poco más felices, y cuanto más captamos, nuestras vidas se transforman completamente.

Mente Creativa y Éxito

Volumen admirable, compañero de LA MENTE CREATIVA. Sin ser repetitivo, el Dr. Holmes ha investigado nuevamente las leyes y principios básicos de Ciencia de la Mente y ha deducido de ellos qué pasos son necesarios para adquirir el éxito y la prosperidad. Fijando como premisa que el pensamiento correcto debe, por necesidad, producir el éxito, el autor procede a mostrar cómo el estudiante puede usar el pensamiento correcto para obtener lo que desea.

Palabras Que Sanan Hoy

Basado en las palabras de Jesús y su discípulo Pablo, este libro muestra la efectividad en la vida moderna de las enseñanzas del genio espiritual más grande de todos los tiempos.

¿Podemos Hablar con Dios?

Te ofrece un marco para la oración que es compatible con la religión tradicional. Este libro establece la enseñanza de Ernest Holmes llamada la Ciencia de la Mente, que es una síntesis de las grandes ideas sobre religión, ciencia y filosofía. Este volumen contiene también el texto del libro de Holmes La Oración Efectiva. Si te preguntas, ¿Puedo Yo hablarle a Dios?, entonces debes leer este libro. No solamente responde con un sonoro SÍ, sino que también te enseña la manera de hacerlo.

LA CIENCIA DE LA MENTE

POR ERNEST HOLMES PH.D.
RECTOR DEL INSTITUTO DE CIENCIA
RELIGIOSA Y FILOSOFÍA

Este inspirador libro sobre la Ciencia de la Mente y el Espíritu, que ha pasado por más de cuarenta ediciones, se presenta aquí revisado con el texto reescrito y con más de trescientas páginas agregadas. La amplia experiencia del autor como filósofo y maestro lo capacita para postular muchos nuevos e importantes pensamientos en beneficio de la humanidad.

La Ciencia de la Mente no se limita a enseñarte cómo hacer que le gustes a la gente, sino que se propone enseñarte cómo puedes tú dirigir todas las áreas de tu vida. El autor te dice qué es lo que tu mente es, qué puedes hacer con ella, y qué puedes esperar de ella. Y aun más, pone por escrito muchas de esas grandes

verdades que sólo fueron dadas a conocer a los seres más ilumi-
nados de todas las eras, y las reduce a sus elementos básicos de
tal manera que pueden ser entendidas sin esfuerzo por el lector.
En estos tiempos peculiarmente materialistas, un libro como éste
es de importancia incuestionable en que indica la técnica por la
cual el buscador de la Verdad puede liberarse de la opresión de
una civilización mecánica.

Dicen que la cosa más difícil para el ser humano es conocerse
a sí mismo, y cambiarse a sí mismo. Pero se puede hacer, y la
Ciencia de la Mente imparte técnicas para una vida más plena que
raramente han sido igualadas. El Dr. Holmes escribe con simplicidad y claridad y con una profunda apreciación de la necesidad
de cada hombre de ganar un entendimiento por el cual él llegue
a ser el dueño de su propia vida.

CPSIA information can be obtained
at www.ICGtesting.com
Printed in the USA
BVHW041515190321
602997BV00010B/553